社区协商治理之路

——基于促动技术的社会工作介入

深圳市龙岗区正阳社会工作服务中心 编

中国社会出版社

国家一级出版社·全国百佳图书出版单位

图书在版编目（CIP）数据

社区协商治理之路 ：基于促动技术的社会工作介入 ／
深圳市龙岗区正阳社会工作服务中心编 ． —— 北京 ：中国
社会出版社 ，2024．7． —— ISBN 978-7-5087-7061-1

Ⅰ．D669.3

中国国家版本馆 CIP 数据核字第 20241G7497 号

社区协商治理之路：基于促动技术的社会工作介入

出 版 人：程　伟
终 审 人：李新涛
责任编辑：张　杰
装帧设计：尹　帅
出版发行：中国社会出版社
　　　　　（北京市西城区二龙路甲 33 号　邮编 100032）
印刷装订：北京九州迅驰传媒文化有限公司
版　　次：2024 年 7 月第 1 版
印　　次：2024 年 7 月第 1 次印刷
开　　本：170mm×240mm　1/16
字　　数：200 千字
印　　张：13.5
定　　价：62.00 元

序一

　　基层治理是国家治理的基石，是社会治理的"最后一公里"。随着中央以及各级党委社会工作部的组建，基层治理进一步被提升到一个全新的高度，基层治理实践创新以及体制机制建设已然成为学术界和实务界研究的重要课题。社会工作作为基层治理的重要政策选项，已成为基层治理的重要抓手之一，在基层治理中扮演着独特而重要的角色。

　　深圳市龙岗区正阳社会工作服务中心自2008年成立以来，一直扎根社区，服务社群，积极参与基层社区治理，总结探索社会工作参与基层治理的实践模式，提炼出社会工作参与社区治理的"正阳"实践样本。本书从社区协商治理的理论综述、技术流程以及实践研究三个维度呈现了正阳社工在参与基层社会治理中的最新实践成果，这是从社会工作视角系统阐述社会工作参与基层社区协商治理的实践著作，也是一次对新实践的尝试和有效路径的选择与探索。本书呈现了正阳社会工作服务中心在参与基层社区治理工作中，通过欣赏式探询、开放空间、未来探索、世界咖啡、群策群力和复盘等协商议事促动技术实现社区协商多元共治主体技术赋能，激发多元主体参与社区议事协商意愿，提升其议事协商能力，营造议事协商现场氛围，创新社区协商治理体制机制，探索社会工作参与社区协商治理的本土化理论、技术和实践模式；从理论综述到技术流程，再到实践研究，全面、系统地呈现了社会工作参与社区协商治理的最新实践成果，为社会工作参与社区协商治理路径创新提供了可供借鉴的实践模式。

过去16年，正阳社会工作服务中心始终初心如磐、精耕细作、砥砺前行。回顾过往，正阳社工孜孜求索，在社会工作参与社区基层治理工作中取得了累累硕果，留下了浓墨重彩的一笔。今天，正阳社工又站在新的历史起点，新时代、新征程、新使命。我衷心期待和祝愿正阳社会工作服务中心在未来的发展中，依旧初心不改，矢志不渝，坚持党建引领社会组织专业服务发展的正确方向，秉持"以人民为中心"的服务理念、踔厉奋发、奋楫笃行、乘风筑梦；赓续社工愿景，擘画美好未来，融入国家发展大局，在基层治理中充分展示社会工作的专业价值与担当，在新发展阶段的新征程中为全面建成社会主义现代化强国、为实现国家治理体系和治理能力现代化作出新的更大贡献。

马凤芝

北京大学社会学系教授、博士生导师

中国社会工作教育协会会长

北京大学–香港理工大学中国社会工作研究中心主任

2024 年 3 月 1 日

·序二·

社区协商治理是党的群众路线在社会治理领域的重要体现，在推动国家治理体系和治理能力现代化进程中发挥着日益重要的作用。社会工作参与社区协商治理的政策依据亦日趋成熟。党的十八大报告指出，健全社会主义协商民主制度，完善协商民主制度和工作机制，推进协商民主广泛、多层、制度化发展；2015 年 7 月，中共中央办公厅、国务院办公厅印发的《关于加强城乡社区协商的意见》提出，要探索社会组织协商和重视社会工作者参与；党的十九大报告进一步确定了协商治理的重要性，将协商治理提升到一个新的高度，赋予协商治理以新的内涵；党的十九届五中全会强调，要加强和创新社会治理，畅通和规范社会工作者参与社会治理的途径；党的二十大报告进一步强调，发展全过程人民民主，保障人民当家作主，全面发展协商民主，推进协商民主广泛多层制度化发展。党和国家相关政策的指引，为社会工作参与社区协商治理提供了政策方向和实践空间。

在党和国家政策的指引下，深圳正阳社工积极开展社区协商治理本土化实践探索。历经 16 载，正阳社工找到了新的切入点，探索出了社会工作参与基层治理的有效路径，即社会工作参与社区协商治理之路，引入促动技术作为协商治理的技术流程，实现社区协商治理的技术赋能，通过欣赏式探询、开放空间、未来探索、世界咖啡、群策群力和复盘等协商议事促动技术的实践运用，从问需于民、问计于民到问效于民，全流程引入多元主体共同参与、平等沟通、理性协商、协同合作、达成共识的方式有效解决社区问题，激发社区治理内生动力，实现社区公共利益最大化。正阳社工参与基层治理的积极尝试和创新，作为实务样本值得肯定和推广。本书从理论综述到技术流程再到实践研究，从社会工作实务的微观视角立体地呈现社会工作参与社区协商治理的阶段性实践成果。

经过多年的实践探索，正阳社工在参与基层社会治理方面取得了丰硕的成果，从实务经验总结到理论模式探索，为社会工作参与基层社会治理实践创新提供了实践研究素材。期待正阳社工能继续进行实践探索和研究提炼，回应社会所需，紧跟时代步伐，不断创新社会工作参与社区协商治理的发展路径，为助力我国社会治理体系和治理能力现代化建设添砖加瓦，为进一步推动新时代党建引领社会工作参与基层社会治理服务高质量发展贡献力量。

邹学银

中国社会工作学会秘书长

2024 年 3 月 1 日

目录

Contents

理论篇

（理论综述）

第一章
促动技术概述

一　何谓促动技术

近年来，促动技术在一些国际会议上开始流行起来，并逐渐出现在国内理论研究和实务操作领域。促动技术引入社区协商治理场域，是社区协商治理在技术层面的创新与发展。本章将从促动及促动技术的概念、促动技术的目标、促动技术的功能、促动技术的类型以及促动技术流程之间的关系全面介绍促动技术相关的内涵。

（一）促动的概念

促动源于英文 Facilitation，意思是"使之更容易或让事情变得容易或让问题变得简单"，它是一门鼓励所有相关人参与、贡献集体智慧与创意，通过流程引导参与者达到共同目标的艺术。英语（新牛津、简明、柯林斯等）词典将 Facilitation 翻译为容易化、简便化、促进、助长行为或过程。

国内学者给予了其不同的中文翻译，如促动、引导、催化、建导、协作等，本书采用"促动"这种翻译，对应的技术流程就是促动技术（facilitation skill），简而言之就是"让问题变得简单的方法和技术"，在社区协商治理中取其内涵就是促进和推动多元社区协商治理主体通过平等协商、协同合作、共同参与社区协商治理过程的相关操作流程、技术与方法。

（二）促动技术的概念

促动技术是一套结构化、流程化的方法，它可以有效激发参与者的热情和创意，引导团队达成共识，付诸行动（如图1-1所示）。

›促动技术

也叫引导技术或行动学习技术，它是团队在解决问题时使用的一套结构化、流程化的方法，它可以有效激发参与者的热情和创新，并引导参与者达成共识，付诸行动

团队行动　技术流程

解决问题　团队共识

图1-1　促动技术的概念

它是一个能够在复杂问题下衍生更多想法和创意，梳理出解决方案，使团队达成共识，并激励团队共同协作的流程，这是一种激发集体智慧的工作方法、技术和流程。它也是促动者开展引导工作的核心工具，是一种推动个人或团队参与贡献智慧的辅导工具，能够帮助人们实现和达到想要的改变，并产生美妙的结果。它为群体互动过程提供架构性、步骤化和流程化的方法，帮助群体在有限的时间和资源内，达成清晰的共识决定，形成切实可行的实施计划。

（三）促动技术的目标

促动技术能协助团队达到积极、正向的改变、成效和影响。其目标主要体现在以下多个方面：更有效地引导团队；组织更有效率的会议；使参与者全然投入讨论；集思广益；建立起积极正向的互动；提高团队创造力；将团队能量集中在共同目标上；帮助团队排解矛盾；促进团队达成共识；创造活跃的团队协作；建立尊重和信任。通过专业团队促动师的引导，可以有效维护合作式的客户关系；规划适当的团队流程；创造并维持一个参与的环境；带领团队取得一个有效的成果；建立并保持专业素养；展现正面的专业态度。

（四）促动技术的功能

促动技术是团体领导者引导团体成员积极发言的重要方法，促动者通过它的使用能让团队与组织更有效运作，群策群力，达到统合综效。它能够聚焦问题，有效激发团队活力，推动团队快速达成共识，自动自发承诺和执行团队行动计划。其在团体辅导中可发挥如下功能：促使团队成员更好、更多地参与团体；协助那些在团体中分享、表达有困难的成员，使其从交谈中获益并增强自信心；促进团队成员在团体中更深层次的自我探索；是团体焦点转移和保持的一种有效途径。

（五）促动技术的类型

促动技术的分类多种多样，不同的书籍有不同的分类方法，本书结合社会工作专业参与社区协商治理的特点，选取以下几种技术流程来介绍社区协商治理的促动技术（如图1-2所示）。

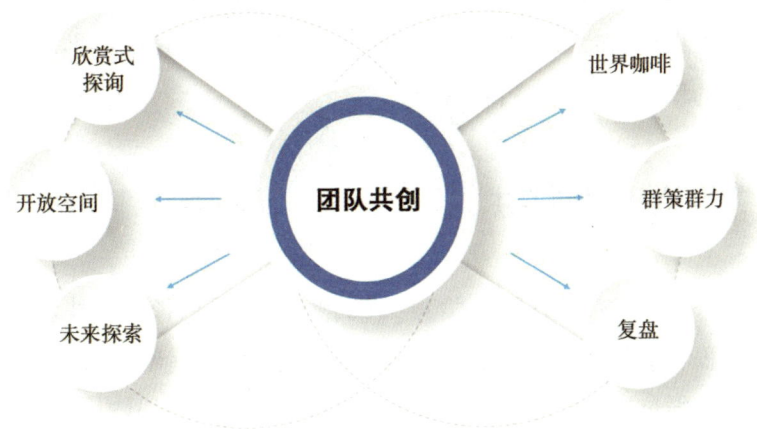

图1-2　促动技术的主要类型

本书所选取的促动技术包括：欣赏式探询、开放空间、未来探索、世界咖啡、群策群力、复盘。本书将围绕以上促动技术的方法、技术和流程探索促动技术在社区协商治理中的运用，用专业技术提升社区协商治理效能。

（六）促动技术流程之间的关系

核心促动技术各技术流程之间是一种互嵌融合的关系，相互嵌入、相互融合、相互促进，互为补充，"你中有我，我中有你"。如复盘促动技术可嵌入和运用到世界咖啡促动技术；又如群策群力促动技术中一个不可或缺的重要步骤就是团队共创，同时也可以用到世界咖啡、欣赏式探询、复盘等促动技术流程。世界咖啡促动技术也能够与其他技术流程有机结合使用，如开放空间咖啡，就是将开放空间和世界咖啡组合而成；未来咖啡，则是将未来探索促动技术与世界咖啡促动技术进行结合；欣赏式探询咖啡，又是将欣赏式探询促动技术与世界咖啡促动技术进行有机的组合；等等。我们在使用这些技术和流程的过程中，不同的技术流程之间并没有严格的界限，当然，可以选取其中一种技术流程作为主要的技术流程，而其他的流程则作为辅助流程。因此，我们也不能拘泥于某一种技术流程，而是需要根据社区协商治理的情景和场域，选择合适的技术流程进行组合，加以灵活运用，方能发挥促动技术在推动社区协商治理中的积极效果、作用和影响。

二　为何选择促动技术

在社会工作参与社区协商治理实践中，为何要选择促动技术作为专业技术流程，主要缘于相同的专业理念和内在逻辑、社区协商治理的现实需求以及满足社会工作自身的发展需要。

（一）基于社会工作与促动技术的相通理念

"助人自助"是社会工作的基本理念，社会工作参与社区协商治理，通过推动社区多元共治主体的平等参与，挖掘社区潜能，实现社区居民自治和多元共治。而促动技术是通过技术流程，激发群体智慧，实现群体间的有效互动。如世界咖啡会谈的设计前提是：人类本身已具备足够的智慧和创造力，可以面对和应付眼前最困难的挑战（朱安妮塔·布朗、戴维·伊萨克，2019）；又如欣赏式探询促动技术从优势视角出发，基于过去成功的经验、社区拥有的资源和能力等，相信个人、家庭、组织、社区等都是充满资源和优势的。社区协商治理中选择促动技术正是基于二者相互契合的专业理念和内在逻辑。

（二）基于社区协商治理服务的现实需求

社区协商治理不能只停留在政策文件和治理理念上，社区协商治理也需要专业技术的支撑，进而推动社区协商治理目标的实现。社区协商治理理念的转变固然重要，但专业化的治理也同样重要，要实现专业化服务型治理，就必须引入专业的技术和流程，确保专业服务实现专业价值。促动技术正是能够有效推进社区协商治理向纵深发展的专业技术，为社区协商治理提供专业技术指引和支持。与传统协商议事会的实施程序相比，促动技术提供了非常全面的交流场景和环境设计。例如，开放空间促动技术场地的安排要求最好采用围圈而坐；在会议召开前，带领参与者相互认识并破冰暖身；分组讨论，并用大白纸进行归纳总结。这些环节恰恰是传统议事协商实践中缺少的，因此，促动技术值得在社区协商实践中借鉴和推广，符合社区协商治理的实际需求（林学达，2021）。

（三）基于社会工作创新发展的实际需要

社会工作参与社区协商治理，需要不断地实现本土化发展，从西方引进的传统社区社会工作的服务模式和技术，不能够完全匹配当前我国社区协商治理的实际需要。因此，社会工作要在参与社区协商治理过程中不断实现创新和突破，专业技术和流程就是创新的一个重要环节和突破口。促动技术的引入，极大地满足了社会工作在社区协商治理中进行技术创新的现实需求。

总体上看，在技术层面，只要促动技术的流程和工具优势能够很好地嵌入和融合在议事协商的部分环节，社会工作借鉴这些促动技术就是必要的。社会工作者运用促动技术在社区协商治理实践中，在应对协商参与主体的讨论、质疑、碰撞、沟通障碍等细节上，具有很大的借鉴空间。但是，协商技术与社区协商治理毕竟不是同一个层面的概念，一些促动技术的应用条件复杂，不能简单地套用在社会工作介入社区协商治理实践中，需要充分考虑当下的法规政策以及社区协商治理的实际场景，在实践中进行技术的完善或转化，才能让社会工作介入社区协商治理取得更好的效果（林学达，2021）。

三 促动技术基本功：团队共创

团队共创技术原创于 1960—1970 年，是美国文化事业学会（Institute of Cultural Affairs，ICA）在研究过程中创新出来的团队方法，得到的结果令人印象非常深刻。团队共创法不仅可以运用在简单的主题上，也可以运用在复杂的主题上。本节将简单介绍一下团队共创的基本内涵、团队共创的主要价值以及团队共创的实施步骤（刘永中，2015）。之所以将其称为促动技术的基本功，是因为所有促动技术和流程都需要使用到团队共创的全部或部分操作步骤，甚至是从促动技术的理念到具体操作步骤和流程，都需要用到团队共创的核心内涵，促进团队共同参与，激发团队智慧，达成共识。团队共创的产出结果往往比较一致，是所有人的想法达成共识后的成果。团队共创看起来操作简单，实则对促动者的引导技能和功力有很高的要求（林士然，2017）。

（一）团队共创的基本内涵

团队共创，也称亲和图、共识工作法、卡片法等，是一套有架构的体验活动。大家围桌坐一圈使用告示贴或者小纸片，把相似的卡片聚在一起。通过这个过程，提供视觉线索，提高团队的分析和决策质量。团队共创有三个特点：一是使参与者能够表达个人的观点，在共创中形成新见解和综合意见，并扩展观点；二是让人们看到自己的想法与别人的想法的关系，尽量避免争论；三是让人们尊重并理解彼此的观点和体验。

团队共创适用于团队针对某个共同的议题进行头脑风暴，最后达成共识。它适用于任何管理体制、任何技术发展阶段、任何时间和地点。团队共创是一个巧妙的方法，无论是开展集体培训、团体督导、团队会议还是专业服务，都可以灵活运用这种沟通、探询和解决问题的方法。

（二）团队共创的主要价值

团队共创是所有促动技术的基础，有其特殊的价值。其价值主要体现在激发团队创意与新能量；建立一种共享的责任感；发展整合性思考方式；达成共识促进行动产生。具体来讲，激发团队创意与新能量可以使每个人的每个想法都被尊重；建立一种共享的责任感可以使团队的决策中包含每个人的想法与智慧；发展整合性思考方式可以使团队成员从不同的角度思考（包含理性与直觉），给出相应的建议及方案，避免片面的方案；最终整个团队达成共识，采取集体行动。

（三）团队共创的实施步骤

不同的学者对于团队共创的实施步骤有不同的界定，有的比较详细地介绍了从准备阶段到成果产出的全过程；有的则重点介绍引导阶段团队如何进行共创的流程。本书在不同学者主要观点的基础上，结合自身实践经验，将团队共创的主要步骤进行总结（如图1-3所示）。

背景介绍
主题介绍、聚焦问题
焦点澄清、意愿激发
构建连接、信息共享
STEP 01

归类组合
组织分群、第一次
卡片分组（快速标
记）、智慧交融
STEP 03

策略选择
寻找关系、串联想法、
选择策略、形成思路、
赋予意义
STEP 05 STEP 07

前期准备
共创方案制订、
确定主题、目的
和具体目标、物
资准备等
STEP 02

头脑风暴
参与者分组，个人
和小组头脑风暴，
激发智慧
STEP 04

提炼共性
群组命名，第二次
卡片分组（拟定标
题）；形成主要对
策
STEP 06

制订计划
根据所选策略制订
具体的、可执行的行
动计划

图1-3 团队共创的主要步骤

第一阶段：前期准备。该阶段首先组建筹备团队，为团队共创做好准备工作。由该团队制订团队共创工作方案，确定团队共创主题，明确团队共创的目的和目标，做好团队共创的相关物资准备，寻找适合开展团队共创的场地等工作。

第二阶段：背景介绍。该阶段已经开启了团队共创之旅，最先开始的就是团队共创的背景、技术流程和主题介绍；聚焦需要解决的核心问题；澄清团队共创的焦点议题；通过充分预热的方式，激发团队共创参与者的参与意愿；构建参与者之间的连接以及共享团队共创的信息和资源；等等。

第三阶段：头脑风暴。该阶段属于激发个人和团体智慧阶段，首先引导参与者进行分组，分组的方式可以是多种多样的，每组的人数根据参与人数而定，可以 3~4 人分为一组，也可以 6~8 人分为一组。分组之后需要确定组长、记录员、汇报人等角色，方便后续引导工作的开展和进行。分组之后，可以开展个人头脑风暴，针对需要共创的核心议题提出个人见解，该阶段可以是口头的表达，亦可以通过纸上头脑风暴，将个人的思考写下来。接下来就是小组头脑风暴，将每个小组成员头脑风暴的见解进行罗列，得出小组对于该议题的相关答案。

第四阶段：归类组合。该阶段主要工作是将各个小组的相同意见和主张进行整合和归类，俗称"合并同类项"或组织分群；通过快速标记的方式，对所有的卡片或内容进行第一次分组、分类或分群；不同的小组之间相互补充、相互完善，促进共创团队成员的智慧交融。

第五阶段：提炼共性。该阶段对共性的群组进行命名，并拟定标题，进行第二次卡片分组，对于一些不能进行归类的内容，可以进行另外的分组或命名。一旦进行命名之后，就会形成针对核心议题的主要解决对策。

第六阶段：策略选择。针对前一阶段形成的主要对策，寻找策略之间的关系，并将关联度比较高的想法串联起来；结合共创团队的需要，选择主要策略，形成系统化解决问题的思路，并赋予所选取的重要策略一定的意义。

第七阶段：制订计划。策略选择只是方向的选取，共创团队还需要根据策略方向制订具体的、可执行的行动计划，行动计划可以包括行动计划的名称、目的和具体目标、具体行动步骤、计划起止时间、负责人、所需支持（人、财、物）等内容。当然，制订行动计划之后，只能说现场引导有一定的产出，最终还需要共创团队后续对行动计划执行和落实，才能为团队共创画下完美的句号。

—— • 第二章 • ——

社区协商治理与促动技术

一 社区治理概念综述

社区治理是与社区管理相对应的一个不同概念。社区治理是在社会利益多样化的背景下不同于社区管理的全新概念，是党委政府、社会组织、经济组织、社区居民等有着利益相关的多元主体之间互动、协作、配合、沟通等的过程（陈方圆，2022）。孙明爽（2022）认为，社区治理就是社区治理主体对社区公共事务进行有效治理的过程。其核心是多个治理主体通过自我管理、合作和参与等多种形式进行社区治理，为社区居民提供社会帮助，满足社区居民的需求，增加社会福利，应对各种可控的社会问题并开展各项社区事务。杨瑞峰（2022）将社区治理定义为在党和政府的领导下，激发和强化社区内生力量，挖掘和链接社区内部资源，共同解决社区问题和化解社区矛盾纠纷，提升社区服务效能，使社区内政治、经济、文化、环境和谐共融，提高社区居民生活水平，提升社区居民生活质量的过程。刘清（2022）则将社区治理界定为在社区场域内，多元主体如政党、政府、居民、社会组织等，在平等协商、相互合作的基础上，有效解决社区问题，处理社区事务，实现社区公共利益的过程。

虽然学者们对社区治理所下的定义不尽相同，但还是达成了如下共识：一是治理主体包括政党、政府、社会组织、社区居民等；二是治理方式强调多元主体之间的相互合作、参与互动、平等协商；三是治理内容涉及社区公共类事务（刘清，2022）。

二　社区协商治理概念综述

社区协商是基层协商民主的一种形式，是城乡基层党政机关、社区组织、社区居民及其他利益相关者，运用协商民主的形式解决公共事务、公益事业以及涉及居民利益和反映强烈、迫切要求解决的问题（林学达，2021）。它主张平等参与，达成民主共识，这恰恰是社区协商治理最核心、最精华之处。它使每个参与者都是平等协商的主体，都拥有平等的话语权和决策权，通过理性表达、彼此说服，最终相互妥协、达成共识，找到群众利益的"最大公约数"，使社区治理真正实现从"一元管理"向"多元治理"的转变（唐奕，2016）。

社区协商治理是在社区治理中融合协商理念与方式的民主治理实践，是一种新型治理模式（段元秀，2023）。刘晓峰、丁思佳（2022）认为，多元共治型社区协商强调发挥社区多元治理主体的主体性，主张互嵌分工、相互合作、有效整合资源，以达到社区善治。多元主体的互嵌协商主要是在社区党组织的引领下，由居委会主导，联合业委会、物业公司、社区居民、社会组织以及驻区单位建立起合作关系，整合社区资源，形成共驻共建、优势互补、资源共享的工作格局，在不同层次上展开制度化协商行动。刘丽芳（2019）将社区协商治理界定为社区多元治理主体在公共开放的协商平台中，遵循特定的协商规则和程序，对社区公共事务进行平等的对话和理性协商，最终形成具有责任性共识的过程。这一过程包含协商主体的多元性、协商目标的过程性、协商内容的广泛性以及协商过程的互动性等基本要素。王璐琛（2021）认为，社区协商治理指的是社区社会工作者发挥专业功能，促进多元主体平等对话，协调利益相关方，缓解矛盾冲突，推动多元协商主体采取社区协商治理联合行动的持续过程，以达到满足社区居民需要、优化社区服务的目的。段元秀（2023）则认为，社区协商治理是在社区治理中融合协商理念与方式的基层治理实践，是社区治理的多元主体通过协商方式解决社区问题、管理公共事务、形成公共决策，共同追求善治的实践模式。由此可见，社区协商治理是一种多元利益协调和整合机制，具有公共性和开放性，强调理性对话和平等讨论。陈涛（2022）认为，社区协商治理就是相关多元利益主体或其代表，以各治理主体平等协商为理念，以理性的相互讨论、彼此讲道理，甚至争论为核心，以治理结构和治理平台为载体，基于各种属性的协商层次，通过流程化的协商过程，使用如开放空间促动技术、世界咖啡促动技术等，得出众人都认可的目前最优方案，使之形成具有合法性，协商成果以正式文本的形式被监督并执行的治理范式。

有学者研究表明，当前社区协商主要分为技术性、平台性和制度性三种类型。技术性协商就是为解决特定的治理议题而引进和使用的协商技术，例如开放空间会议和群策群力论坛等。平台性协商即是以议事协商平台为依托，撬动社区多元主体的合作共治。制度性协商则是指影响广泛、特色突出的宣传典型，其特征在于将协商民主要素融入既有的基础制度结构（汤彬，2023）。本书是在制度性协商的基础之上，搭建社区议事协商平台，引入促动技术开展技术性协商。

综合以上学者们对于社区协商治理研究的相关界定，本书将社区协商治理界定为在城乡社区日常公共事务应对过程中，基层党组织、政府、社会组织、经济组织、自治组织、居民个人等多元共治主体，充分运用促动协商技术，在党组织的领导下通过平等沟通、理性协商、协同合作、共同参与、达成共识的方式有效解决社区问题，化解社区矛盾纠纷，维护社区和谐稳定，激发社区内生动力，实现社区公共利益最大化的过程。

三 社区协商治理的操作流程

在不同地域的社区协商治理实践研究中，虽然侧重点和具体步骤不同，但总体而言，这些协商治理机制普遍遵循"议题征集""议题确定""议事协商""决策落实""监督评估"等过程和环节。

北京市西城区社区协商程序包括以下几个步骤：第一步确定议题。该环节主要包括进入议事协商渠道，确定协商议题并对议事协商主题进行分类，组建议事协商工作团队等工作重点。第二步公示协商信息。主要内容包括拟定议事协商时间和地点，发布会议通知，拟定议事协商规则，准备议事会物资。第三步召开会议。现场召开会议的流程包括主持开场，讨论通过拟定议事协商规则，议题说明，具体事宜协商，达成共识并表决，协商结果公示。第四步协商成果公示与落实。议事协商结果在社区布告栏、社区微信群等进行公示，并落实议事协商的决议。第五步过程监督与结果评估。过程监督包括是否有新意见，是否符合预期，执行中有无其他问题等；结果评估包括目标达到情况评估、满意度评估以及工作知晓度评估等。

重庆市两江新区社区协商机制流程如下：第一步，广泛问需。通过走访、会议、社区 QQ 群、微信平台，问需于民。第二步，甄选问需。通过建立和完善居民需求和问题收集的"两个库"，锁定具体问题，形成居民自治议题。第三步，协商议需。建立以"社区+社工组织+居民代表+利益相关方+上级职能部门"等各方参与的议事协商平台和机制，共同协商解决问题的办法。第四步，服务所需。根据议事协商的结果，开展服务满足居民所需。第五步，监督办需。公布协商议题、公示协商结果以及服务成果，形成有效监督（汤彬，2023）。

安徽省合肥市经开区锦绣社区探索"协商议事六步法"议事机制流程包括：第一步，多种渠道"提议题"。每年收集居民意见和诉求，汇总成议题，保证协商议题的广泛性和居民诉求的代表性。第二步，多方恳谈"出主意"。对收集的议题进行分类，由党组织、协商议事委召集相关利害关系人、单位代表及居民代表召开民主恳谈会，提出解决问题的初步建议，通过分类讨论提升社区议事协商的针对性和有效性。第三步，各方意见"拟方案"。由协商议事委根据恳谈会初步建议，拟订解决问题草案，保证协商议事的可操作性。第四步，张榜公示"开言路"。将草案张榜公示，广泛征求居民意见，接受居民的监督。第五步，组织审查"定公约"。组织专题会议或邀请法律、社会管理专业人士对草案审查把关，体现协商方案的科学性和专业性。第六步，居民表决"说了算"。将公约或方案提交居民代表会议，2/3以上通过后实施，体现协商治理的公正性和民主性（张锋，2021）。

本书中，基于促动技术的社会工作介入社区协商治理流程可以概括为"问需""问计""问行""问效"的"四问"流程。

"问需"指的是社区协商的议题由参与协商的多元主体提出，可通过问卷调查、实地考察、现场观察、档案查阅、数据分析等方式了解社情民意，发现社区治理问题及问题产生的影响因素，再由参与议事协商的主体筛选协商议题、确定协商议题，这也是充分调动多元共治主体参与社区协商治理积极性和主动性的重要举措。

"问计"指的是由协商治理主体针对聚焦的议题，集思广益，建言献策，共同商讨解决问题的计策及具有可操作性的行动方案，为解决社区治理难点、痛点、堵点和盲点出谋划策，贡献个人和集体智慧，进而提升其在社区协商治理中的参与感和体验感。

"问行"指的是由多元治理主体根据行动方案开展共同治理行动，此举也是解决社区治理问题的关键步骤之一。提出治理需求的人，不仅是问题的提出者，还是问题解决的参与者和行动者，这样才能有效激发社区协商治理主体的能动性和主体性，真正实现赋权于民、还权于民。

"问效"则是指对治理行动方案执行和落实成效的检验。可开展相关成效评估工作，从利益相关者满意度、治理方案目标实现程度、治理项目的社会效益等维度进行成效测评工作，通过成效评估来衡量协商治理带来的正向改变和影响。

四 促动技术与社区协商治理的关系

在当前的社区协商治理实践中，借助促动技术（如世界咖啡、开放空间等）探索协商形式的实践案例逐渐增多（林学达，2021）。促动技术与社区协商治理之间是一种什么关系呢？本书将它们界定为相互促进、相互影响和相互作用的关系。一方面，促动技术推动了社区协商治理实践路径的创新，并在社区协商治理过程中发挥催化剂作用，为全面提升社区协商治理效能奠定技术流程基础，使社区协商治理有技术的指导和支撑；另一方面，社区协商治理也为促动技术在社区协商治理领域实践提供了机会和平台，让这一技术流程得以在社区协商治理场域落地生根，拓展了促动技术的应用范围，进一步推动了促动技术的持续发展。

（一）促动技术促进社区协商治理实践创新

促动技术是社区协商治理实践路径创新的选项之一。随着社会治理重心向基层下移，创新基层社区治理就成为各社区治理主体共同关心的议题。基层社区治理实践创新包括理念创新、模式创新、技术创新、流程创新、方法创新、内容创新等。促动技术的引进，能在理念、模式、技术、流程、方法、内容等方面带来不一样的效果。因此，它是创新社区协商治理实践的专业选项之一，也定能给社区协商治理带来不一样的改变和影响。

（二）促动技术催化社区协商治理互动活性

促动技术遵循其特定的技术流程和方法，在社区协商治理服务和实践过程中，能够有效提升多元主体参与社区协商治理的互动性，不仅能够活跃氛围，还能在互动和体验中调动参与主体的积极性、主动性和创造性，进而激发集体智慧，达成社区协商治理共识，促进社区共同行动。

(三) 促动技术全面提升社区协商治理效能

促动技术凭借多元化的专业技术、流程和方法,为社会工作者参与社区协商治理提供了多样化的介入策略,这些方法可以单独使用,亦可组合使用,为社区协商治理实践增加了更多的可能性。通过不同的技术、流程和方法的"组合拳",推动了社区协商治理的纵深发展,提高了社区协商治理的质量和水平,进而全面提升社区治理的效能。

(四) 社区协商治理提供促动技术实践场域

社区协商治理为促动技术运用提供了实践平台,拓宽了促动技术的使用场域。由于促动技术主要运用于商业领域,运用于社区协商治理领域的行动案例非常少。因此,社区协商治理领域广阔的空间为促动技术的发展提供了宽广的舞台和无限的可能性,能够有效促进促动技术的深入发展。

五 促动技术在社区协商治理中的适用场景

促动技术在社区协商治理中的应用场景十分多元和广泛,从目前社区协商治理实践经验来看,促动技术可以用于社区议事协商、社区纠纷调解、社区社会组织孵化、社区志愿力量培育、社区居民参与、社区资源整合、社区治理项目管理,等等。在使用过程中,既可以单独使用其中一种促动技术,也可以组合使用,因为不同的促动技术内在逻辑都是相通的。

如社区议事协商中,可以使用群策群力促动技术和流程,聚焦问题,探讨策略,制订行动计划,执行行动计划等,引导社区协商的参与主体自己聚焦问题并提出和寻找解决问题的对策,充分激发和维系居民参与社区协商治理的主体性。又如社区社会组织孵化过程中,可使用未来探索促动技术和流程,让参与者充分回顾过去、分析现在、展望未来,并制订行动策略和计划,描绘社区社会组织未来发展蓝图,为社区社会组织参与社区协商治理奠定坚实的基础。再如社区资源整合过程中,可以采用欣赏式探询促动技术流程，推动社区协商治理主体从优势视角出发，采用欣赏的眼光发现社区的优势资源和美好的一面，通过社区优势资源的盘点，列明社区资源清单，激发社区协商治理内生动力，使用社区内部资源解决社区协商治理中的难点、堵点和痛点问题。综上，正是因为促动技术与社区协商治理领域具有内在的契合性，所以在创新社区协商治理路径和方法的过程中，才有了促动技术的一席之地。

第三章

社会工作参与社区协商治理

一 社会工作参与社区协商治理文献综述

社会工作作为社区多元协商共治的主体之一，在社区协商治理中扮演着越来越重要的角色。学者们从不同的维度和视角对社会工作参与社区协商治理作了一些研究。在北京、重庆等地关于社区协商治理的文件和实践中，均提出了引入专业社会工作力量指导和实际参与社区协商治理实践，这为社会工作参与社区协商治理提供了实践样板（汤彬，2023）。

刘丽芳（2019）提出，社会工作作为一种新的社区治理力量，遵循以人为本、助人自助、公平正义的价值理念，采取柔性化的方式协助解决社区问题，化解社区矛盾，在推进社区协商治理中发挥着重要的作用。王璐琛（2021）认为，社区社会工作者作为社会工作专业理念和专业方法的服务承载体，将关注社区居民需求、强调社区居民参与作为开展协商治理工作的宗旨，通过个案管理、小组活动、社区工作等专业方法增强政府、社区、社会组织的功能，成为多元主体参与社区协商治理的联结纽带，成为协商治理的协调者和调解者，成为推动共同构建社区协商治理共同体的实践行动者。社会工作是加强和创新社区治理实践路径的专业力量之一，社区社会工作者作为社会工作专业理念在社区的承载者，将有需求的居民作为服务对象是推进社区协商治理中独有的专业特质，也是对社区协商需求的回应（宋珠佳，2021）。

从学者们对社会工作与社区协商治理的关系界定来看，二者相辅相成，相互支撑，具有内在的契合性。社区协商治理作为社区治理的一种新的尝试，最为重要的特点就是公平、民主、自治，而社会工作专业所提倡的"助人自助"，帮助困难群体，挖掘他们的潜能，提升他们参与社区协商治理的意识与能力，也是直接或间接地参与社区协商治理。换言之，社区协商治理与社会工作专业的价值理念不谋而合。

二 社会工作参与社区协商治理的内在动力

社会工作凭什么能够参与社区协商治理？这涉及社会工作参与社区协商治理的内在逻辑和内驱力问题。首先，多元化社会问题的存在是社会工作参与社区协商治理的前提和条件，因为社会工作以参与解决社会问题为己任。其次，社区治理政策文件为社会工作参与社区协商治理提供了政策指引。最后，参与社区协商治理契合社会工作自身发展的需要，社区协商治理领域为社会工作发展提供了更广的服务场域。

（一）社会问题的存在为社会工作参与社区协商治理提供了机遇

当前，我国正处于社会结构的重大转型期，由于政治、经济、文化等因素导致了各种社会问题，如劳资纠纷、邻里纠纷、医疗纠纷、征地拆迁、家庭暴力、群体事件、校园暴力、故意犯罪等，基层社区治理中存在的矛盾和问题也比较突出，如果不能有效地解决这些问题，将严重影响社会的良性发展。为更好地应对和解决这些问题，我国尝试应用多元化的社区协商治理方式，其中引入社会工作参与社区协商治理，就是一种有效参与社区协商治理的途径，对社区协商治理发挥着较好的作用。由此可见，正是因为诸多社会问题的存在，才为社会工作参与社区协商治理提供了发展机遇。换言之，没有多元化社会问题的存在，在社区协商治理中社会工作就缺少存在的根基。社会工作作为创新社会治理的实现路径之一，解决社会问题是专业的立身之本，参与社区协商治理是其必然的专业使命和担当（周文坤 等，2022）。

（二）政策文件的出台为社会工作参与社区协商治理创造了条件

我国社会治理相关政策文件的出台为社会工作参与社区协商治理提供了政策指引。正是因为有相关政策的支持，才使社会工作能够有章、有效、有序参与社区协商治理的事务。

党的十八大报告指出，健全社会主义协商民主制度，完善协商民主制度和工作机制，推进协商民主广泛、多层、制度化发展。这是党中央第一次对协商民主作出了清晰阐述。2015 年 2 月中共中央印发的《关于加强社会主义协商民主建设的意见》，同年 7 月中共中央办公厅、国务院办公厅印发的《关于加强城乡社区协商的意见》，都提出探索社会组织协商和重视社会工作者参与的相关表述。党的十九大报告中进一步确定了协商治理的重要性，更将协商治理提升到一个新的高度，赋予协商治理以新的内涵，统筹推进政党协商、人大协商、政府协商、政协协商、人民团体协商、基层协商以及社会组织协商。党的二十大报告进一步强调，发展全过程人民民主，保障人民当家作主，全面发展协商民主，推进协商民主广泛多层制度化发展。党和国家相关政策的陆续出台，为社会工作参与社区协商治理提供了方向指引。

（三）自身发展的需要为社会工作参与社区协商治理注入了动力

社会工作积极参与社区协商治理实践，既是现阶段社区公共服务体系创新的现实需要，也是社会工作自身职业发展的内在需求。因此，社会工作要满足和实现自身发展需要，除了需要融入国家发展大局，还需融入社区治理体系，参与社区治理。提供社会服务是社会工作的基本使命，也是其参与社区协商治理的主要内容（周文坤 等，2022），充分发挥社会工作服务型和福利型治理的功能和作用，在社区协商治理中知民情、解民忧、化民怨、暖民心，实现专业价值，体现专业担当，进而推动社会工作专业的纵深发展。

三　社会工作介入社区协商治理的路径选择

学者们从不同的研究视角对社会工作介入社区协商治理的路径进行了研究，本书在总结学者们对社会工作介入社区协商治理的基础上，立足和结合笔者参与社区协商治理的实践经验，将社会工作介入社区协商治理的实现路径总结如下。

（一）坚持党建引领专业服务发展方向

党建引领社区治理，构建"一核多元"的协同共治格局，从而将党组织的领导力转化为持续生成的社区协商效能，进而实现社区治理的政治赋能（汤彬，2023）。社会工作参与社区治理必须坚持党建引领的政治方向，深刻把握党建引领社会工作参与社区治理的重大意义（杨秋莎，2022）。孟令辉（2023）、陈琢（2023）认为，党建引领是推进社会工作参与社区治理的必然选择，社会工作参与社区治理，将党建引领基层治理延伸到基层社区最末端，将党组织领导下的居民组织推进到基层社区最前沿，切实把党的组织优势、制度优势转化为治理优势和治理效能。为了实现社区治理的有效运行，要始终坚持党全面领导基层治理制度，始终坚持以党建促善治（杨丽超 等，2023）。简言之，党建引领是社会工作参与社区协商治理的核心灵魂和主线，是社会工作参与社区协商治理必须坚持的基本原则之一。坚持党建引领，是新时代我国社会工作发展必须坚持的政治方向，在党的领导下培育一支可信、可靠、可用的专业社区协商治理人才。因此，社会工作参与社区协商治理必须坚持党建引领，内化"以人民为中心"的服务理念，搭建党和政府与人民群众沟通的桥梁，以凝聚群众、服务群众为标准，最终构建党建引领、专业助力的社区协商治理新格局（周文坤，2020a）。

（二）着力培育社区协商治理专业人才

在社区协商治理过程中，人才的培养应排在重要且优先的位置。社会工作可以通过培养社区协商治理人才来推动社区治理向纵深发展。一是培养专业社会工作社区协商治理人才。可以开展社会工作参与社区协商治理的相关人才培养，让社会工作者全面理解和认同何谓社区协商治理？社区协商治理的现实路径有哪些？等等。其实就是要改变社会工作者的"心智模式"，让参与社区协商治理的社会工作者知道社区协商治理的相关内涵和外延以及路径和方法等，树立社会工作参与社区协商治理的专业自信。并推动参与培养的社会工作社区协商治理人才设计相关的社区协商治理项目并落地实施。二是社区内部人才培养。除了培养社会工作社区协商治理人才，培养能够激发社区协商治理内生动力和活力的社区协商治理人才也非常重要，社会工作可以针对社区干部、社区社会组织、社区志愿者以及社区居民骨干等开展能力培训相关的工作，如开展社区支部书记社区协商治理课堂、社区社会组织领导社区协商治理能力培训、社区志愿者骨干参与社区协商治理能力提升班等，激发其参与社区协商治理的意愿、动机和动力，全面提升其参与社区协商治理的能力，使其具备社区协商治理的思维和逻辑，从人才层面全面保证社区协商治理的可持续发展。

（三）营造多元主体参与协商治理氛围

多元共治是社区协商治理的基本特征之一，也是社区协商治理的前提和条件。社会共治的本质是破除权力垄断。因此，多元共治就是在社区协商治理中理顺党委、政府、市场、社会的关系，实现政府治理与社会自我调节、居民自治的良性互动（唐奕，2016）。社会治理理念的提出，决定了政府不再是单一的社区协商治理主体，要实现社区的长效治理，政府需要让渡权力和资源，通过政府职能转移的方式，联动社会组织、经济组织、自治组织及广大人民群众等多元治理主体，组建社区协同治理联盟，实现治理主体之间的有效连接，推动各协商治理主体充分发挥自身资源和优势，互通有无，加强互动和沟通，形成紧密的合作伙伴关系，编织社区协商治理的服务治理网络，通过网络的方式实现各协商治理主体之间的良性互动，最终实现"人人有责、人人负责、人人享有"的基层社会治理新模式（周文坤 等，2022）。

社会工作作为多元化社区协商治理主体互助合作的促进者和主体之一，需要搭建多元主体参与社区协商治理的平台，让多元化社区协商治理主体都能在社区协商治理的平台上各展其能。当然，多元主体参与社区协商治理过程中，各协商治理主体之间难免会有多元的冲突和矛盾，社会工作者要通过有效的介入，多方协调，积极互动，充分发挥不同主体之间的优势，做到各主体之间"不越位""不缺位""不错位"。社会工作者要想在社区场域做好社区协商治理工作，必须关注多元主体的需求、协调多元参与主体之间的协作关系，促进各参与主体之间的有效合作，进而构建社区关系网络，构筑社区协商治理联盟，携手推进社区协商治理的实践创新。

（四）搭建多方参与议事协商平台

随着国家治理重心向基层下移，搭建社区议事协商平台，增强社区议事协商能力，已成为社区协商治理的重要议题之一。加强社区协商，有利于解决社区居民的实际困难与问题，化解社区矛盾纠纷，维护社会和谐稳定，推动基层民主健康发展（石明珠，2022）。因此，提高社区居民议事协商能力，引导和协助社区居民提升协商意识、掌握协商技能、提高协商能力，也是基层社区协商治理的题中之义。社区议事协商机制作为有效处理社区事务、化解社区矛盾、强化社区自治的重要手段，是提升社区协商治理水平的关键措施（黄彩兰，2022）。构建多元开放的协商平台，是促进社区协商治理顺利实施的关键要素之一（王洪树 等，2018）。

社会工作在参与社区协商治理过程中充分体现协商式治理的作用，可以通过搭建多方参与议事协商的平台，凝聚社区协商治理各方共建共治合力；增能赋权议事协商成员，提升议事协商能力；助推议事协商成果转化，进而推动社区协商共治目标的实现。参与过程中，社会工作者可以遵循建立议事协商规则，搭建议事协商平台，梳理协商议题，共商治理对策，推动成果落实，实现长效治理等流程，推动多元主体参与社区议事协商，着力解决社区协商治理中居民反映最强烈、与居民切身利益息息相关的议题，用社区议事协商平台解决老百姓的操心事、烦心事和揪心事。因此，社会工作参与社区协商治理过程中，可全面推动搭建小区议事会、儿童议事会、长者议事会、志愿者议事会、妇女议事会等不同议事协商平台，通过"党群议事厅"、议事茶话会等活动载体，推动和搭建社区议事协商平台，充分调动多元主体参与社区协商治理的积极性和主动性，让社区协商治理主体有更多的参与感。

（五）畅通社情民意诉求表达渠道

社情民意是社会工作参与社区协商治理非常重要的一环。社会工作在社区协商治理过程中需要以社区居民或社区实际需求为导向。通过畅通社情民意诉求渠道，问需于民，精准定位和聚焦社区协商治理问题及需求，充分辨别社区协商治理中的规范性、感觉性、表达性以及比较性需要。一是强化社区协商治理需求调研工作。社会工作在参与社区协商治理过程中，可以加强针对社区居民及社区其他利益相关方需求调研工作，深入社区调研社区协商治理难点、堵点和痛点，通过调研发现居民及社区个别化、多元化和共性化治理需求，为后续推动社区协商治理服务提供依据。二是畅通社区社情民意表达渠道。社会工作者可以随时随地收集居民的诉求，进行整理、汇总和分类，社会工作者能够回应的相关诉求，就由社会工作者及时作出回应；如果相关议题超出社会工作者的职责、能力或资源范畴，则应提交社区党委进行决策，后续进行持续的跟进并阶段性向诉求提出者进行进度反馈，充分发挥社会工作者参与社区协商治理的专业作用。当然，社会工作者也可通过告知社区居民民意诉求反馈渠道，引导社区居民正确、理性表达诉求，通过合理、合法渠道反映问题和表达诉求。

（六）调处和化解社区矛盾纠纷

2023年3月，中共中央、国务院印发《党和国家机构改革方案》，提出组建中央社会工作部，统筹指导人民信访工作，指导人民建议征集工作。信访工作历来是党的群众工作的重要组成部分，也是了解社情民意，保持党和政府同人民群众密切联系的重要措施和手段。社会工作作为社会矛盾的缓冲器、社会运行的润滑剂，也将成为人民建议征集和社区纠纷矛盾调处和化解的前哨阵地。

调处和化解社区矛盾纠纷是社会工作参与社区协商治理特殊且重要的切入点之一。社会工作者可采用专业理念、手法和技术，柔性参与调解工作的预防、干预和跟踪工作，全链条介入纠纷调处服务，多方联动有效化解矛盾纠纷，保障群众诉求得到有效解决。因此，社会工作参与社区协商治理过程中，需要将矛盾纠纷化解作为参与社区协商治理的路径之一，需要在社区矛盾纠纷调解中积极参与，发挥社会工作者参与社区协商治理的专业作用。如社区信访事件化解、邻里纠纷调解、家事调解、劳资关系调解等，都是社会工作参与纠纷矛盾化解的主要场域。社会工作者需要联动其他调解主体，整合社区调解资源，实现共驻共建、优势互补、资源共享的矛盾纠纷化解格局，最大限度将社区协商治理过程中的纠纷矛盾在社区得以解决，进而增加社区协商治理中的和谐和稳定因素。

（七）孵化和培育社区社会组织

社区协商治理需要大力培育和发展社区社会组织，营造社区社会组织参与社区协商治理的氛围，进而充分发挥社区社会组织的协商治理功能（张锋，2021）。

社区社会组织是多元化社区协商治理主体中非常重要的一支力量。社区社会组织是由社区居民基于相同的兴趣、爱好和特长，自发组建的自我管理、自我服务、自我发展的群众性自治组织，它是连接不同居民之间的纽带和桥梁。如果将社区协商治理比喻成一张渔网，社区社会组织就是渔网上相互连接的节点，每一个节点都与其他的节点相衔接，共同组成了社区协商治理的服务网络。

社区社会组织承担着发动居民、组织居民、联动居民以及服务居民的重要作用，因此，社区社会组织的发育程度，从某个层面来说，也是社区服务型治理成败的参考指标之一。社会工作参与社区协商治理，可以将孵化和培育社区社会组织作为主要的工作任务之一。社会工作者在参与社区协商治理服务过程中，可以从兴趣小组开始，用活动吸引人、用服务凝聚人、用骨干培养人、用领袖带领人、用机制管理人、用组织服务人，在社区协商治理中有策略、有重点地推动社区社会组织的发展工作，此举将为社会工作参与社区协商治理提供有效的路径。

社区社会组织的培育及发展，有效地将接受服务的群体组织化，它作为社区协商治理连接社群的重要节点，为社区居民提供交流互动的平台，将社区居民组织起来。在社区自组织培育过程中培养了居民之间的自助互助精神，使居民自发、自觉、自愿参与社区协商治理，充分发挥社区居民的主体性。通过开展各种活动，减少居民之间原来存在的陌生感和疏离感，增进沟通、联系和了解，而且充分发挥了社区自助互助的力量，推动了社区居民有序地参与社区协商治理，既能增加居民之间彼此的信任，又能增进邻里互动和情感交流，进而推动了整个社区从"助人自助"到"助人互助"的发展，提升了社区居民的获得感和幸福感，最终促进人、社区与环境的良性互动和发展（周文坤，2020b）。

（八）挖掘和整合社区志愿力量

社区协商治理实践中，社区志愿者是社区党组织的好帮手，正是有了社区志愿者的参与，社区协商治理才不会成为独角戏。社区党组织可以通过"给舞台、给任务和给荣誉"的方式充分释放社区志愿者的资源优势，促进社区志愿者参与社区协商治理的良性循环（张锋，2021）。

社区志愿者是社区协商治理中不可或缺的重要力量，在社区协商治理中只要出现社会工作的地方，就一定有社区志愿者的身影。无论是出现在国务院政府工作报告中，还是"五社联动"机制里，社会工作和志愿力量就如同一对孪生兄弟，都会同时出现在社会治理板块，社区协商治理也不例外，社会工作者与社区志愿者就是社区协商治理中非常重要的治理主体之一，他们在社区协商治理中发挥着各自的重要作用，如扶弱济困、活动协助、公共事件处置等社区协商治理的方方面面。

社会工作者将社区志愿者视为平等的合作伙伴，充分发挥社会工作专业优势，挖掘和培育社区志愿力量；社区志愿者也在社区协商治理中发挥着人力资源优势，和社会工作专业力量形成有效的补充。由此可见，在社会工作参与社区协商治理过程中，挖掘和整合社区志愿力量就显得非常重要，因为社区志愿者不是简单的人力资源的补充，而是重要的合作伙伴，缺少社区志愿力量的参与，社区协商治理就缺少自助、互助和助他的氛围。社区志愿力量作为社区协商治理的内驱力之一，社区协商治理事务最终还是需要挖掘和整合社区的内生力量，这样社区协商治理才能够有持续不断的动力。

（九）提供精准化、精细化专业服务

社会工作是一种专业化的社会服务，它通过切实了解困难群体的需要、设计科学的服务程序、运用科学方法去解决问题，并促进社会和谐，实现社会公平。社会工作通过精准化、精细化专业服务在促进共建共享社区协商治理格局的过程中具有重要的协同作用。社会工作作为社会福利的传递机制，其参与社区协商治理的性质不仅是服务式和协商式治理，更是福利式和精细化治理。因此，社会工作参与社区协商治理，必定要先满足社区困难群体兜底性服务的基本需求，如"一老一小"服务、低保低边人群服务等。鉴于此，在社区协商治理中，社会工作者首先要针对社区兜底人群提供精细化服务，这是社会工作参与社区协商治理的重要路径之一。社会工作应该通过高质量、高水平、高效率的专业服务来取得社区协商治理中的立足之地。社会工作通过专业的服务切实解决社区协商治理问题，提高社区协商治理的能力，提高社区协商治理的效能，才能赢得服务对象的认同，赢得服务采购方的好评，赢得社会大众的点赞。因此，社会工作参与社区协商治理的根本就是提供精细化、精准化的专业服务，通过专业服务来推动社会工作的发展，推动社区协商治理的实践模式创新（周文坤 等，2022）。

（十）多维度推广社区协商治理成果

社会工作参与社区协商治理，也需重视可视化、产品化的成效体现。俗话说："酒香也怕巷子深。"因此，在社会工作参与社区协商治理实践中，既需脚踏实地又要仰望星空，换句话说就是埋头苦干的同时也需要抬头看路。服务成效的展示需要一些载体和平台：一是提高传统主流媒体的见报率。传统媒体的报道对于社会工作参与社区协商治理的效果传播具有重要意义，因为这代表着党、政府和社区大众对社会工作参与社区协商治理效果的认可和肯定。二是提炼社区协商治理精品案例。在各级政府或行业协会年度评优中通过精品案例评选呈现社会工作参与社区协商治理的成效。三是创作社区协商治理的服务视频。积极拍摄社会工作参与社区协商治理可视化视频，利用新媒体平台，广泛传播社区协商治理服务成果。充分利用新媒体传播速度快、传播面广的特点。四是开展社会工作参与社区协商治理发展高端论坛。邀请业界大咖、各社会工作服务机构、服务采购方、广大社会工作者参与，进一步展示社会工作参与社区协商治理的成果，并为社会工作参与社区协商治理提供实践样本。综上可知，社会工作参与社区协商治理成果的展示和传播，是社会工作参与社区协商治理闭环管理中非常重要的一环，在社区协商治理结果上运用多形式进行呈现，对于社会工作参与社区协商治理有着非常重要而深远的意义和影响。

四 社会工作者在社区协商治理中的角色定位

社会工作者在使用促动技术推进社区协商治理的过程中，扮演着多重角色，但最重要的角色包括以下几点。

（一）社区协商治理服务的引导者

社会工作者作为促动技术流程的使用者，在推动社区协商治理过程中，主要扮演引导者的角色。现场引导社区协商治理参与主体按照流程和规范参与，达到社区协商治理的预定目标，进一步提升社区协商治理效能。

（二）现场氛围营造的催化者

社会工作者使用促动技术参与社区协商治理过程中，最主要的任务就是营造全员参与氛围，激发群体参与动力，起到催化的作用，让一切充满希望和美好的事情得以发生，真正发挥催化者的功能。

（三）多元主体关系的协作者

社会工作者作为多元主体参与社区协商治理的协调者，有效整合各方力量，推动多元主体平等协商，实现协同共治的目标。携手多元主体共同参与社区协商治理，解决社区多元化的问题，推动多元主体在社区协商治理中真正发挥各自的优势和资源，进而提升社区协商治理的成效。

技法篇

（技术流程）

·第四章·
促动技术的流程

一 欣赏式探询促动技术的流程

欣赏式探询促动技术是一种正向的、基于优势的参与式方法，旨在发现人及其所处组织或社区中最优秀的部分。它将组织的注意力集中在正向核心，释放正向核心的能量，使组织或社区发生转变和持续成功。集体智能是组织或社区良好运转的本质，集合了组织有形和无形的强项、能力、资源和资产的集体智慧。欣赏既是一种认可的行为，也是一种提升价值的行为；探询是探索和发现的行为。当二者结合起来就会产生对领导力和组织变革至关重要的、强有力的催化效应，进而释放出信息和承诺，共同为正向变革创造能量（黛安娜·惠特尼 等，2019；罗宾·斯特拉顿·博克赛尔，2019）。

（一）欣赏式探询促动技术的概念

充满信任和赞赏的环境

欣赏式探询促动技术是一门以询访为基础的会谈方法，它以探索发现、梦想构筑和愿景设计取代否定、批评和教育，通过搜寻人群间、组织内以及其他相关群体世界中最积极、最美好的一面，激发个人和组织的发展潜力，鼓励其进行优势变革，来实现个人与群体、成员与组织的共同发展

图4-1 欣赏式探询促动技术的概念

欣赏式探询促动技术原本是用于心理学的一种手法，现在演变成一种以积极激发、动员、探询优势为导向的组织发展和变革的管理方法，更加关注人和组织积极优势的一面，通过营造积极正向的沟通氛围，增强组织成员的沟通与合作，促进组织激发集体智慧，推动组织成员和组织的共同发展。

（二）欣赏式探询促动技术的价值和意义

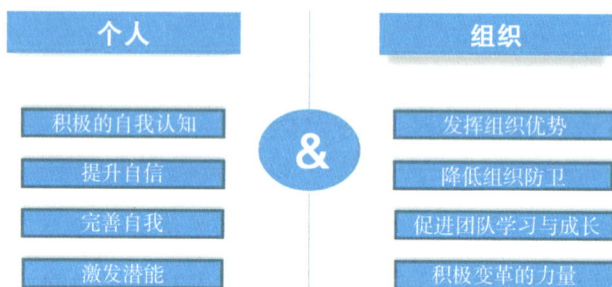

个人	组织
积极的自我认知	发挥组织优势
提升自信	降低组织防卫
完善自我	促进团队学习与成长
激发潜能	积极变革的力量

图4-2　欣赏式探询促动技术的价值和意义

与传统的修正问题的会谈方式相比，欣赏式探询促动技术更关注个人和组织的优势和长处。在欣赏式探询促动技术的会谈中，组织成员之间的彼此欣赏，有利于个人建立积极的自我认知，提升个人自信、激发个人潜能、不断完善自我。组织成员之间彼此信任、相互交流学习，有助于发挥组织的优势，实现组织的变革发展。

（三）欣赏式探询促动技术在社区协商治理中的运用

欣赏式探询促动技术在社区议事协商中，通过访问及讲故事的方法，寻找和发现社区过去和现在的优势和长处；并基于已有的发现，制订清晰的社区发展目标；就如何推进社区的发展，提出各种建议，设计达到目标的行动计划；组织社区居民参与行动计划，强化社区的优势和资源，实现社区的正面转变与发展

图4-3　欣赏式探询促动技术在社区协商治理中的运用

　　传统的社区治理模式以解决社区问题和满足社区需要为导向，忽略了社区自身的优势和资源。随着社区治理的不断深入，要求推动更多社区力量参与社区协商治理行动。欣赏式探询促动技术关注个人、组织和社区的优势和资源，通过发现乐观的社区治理主题、构筑社区发展梦想、设计愿景实现策略，激发社区居民和组织的潜力，实现社区居民、社区组织和社区的共同发展。

　　欣赏式探询促动技术是一种优势视角的工作方法，关注个人、组织和社区的优势和长处，促进个人、组织和社区通过彼此了解与合作，发挥自身的潜力和优势，推动社区的发展。在欣赏式探询会谈活动中，当社区居民的积极性被充分调动起来，就会懂得运用自身的能力和社区的资源解决社区问题、满足居民的需求，而不是被动地等待外来的援助和支持。

　　社区社会工作者在开展社区协商治理活动过程中，要注意寻找和发现社区过去和现在的正面记忆或成功经验，并配合社区志愿者、社区社会组织等力量，就如何发挥社区资源和力量的优势开展议事协商活动，推动社区力量积极正向地参与社区协商治理活动，充分发挥其潜力和优势，共同推进社区发展。

　　（四）欣赏式探询促动技术的原则

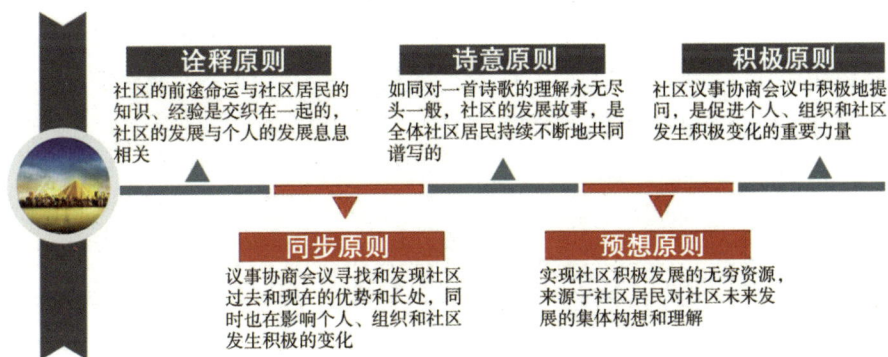

诠释原则
社区的前途命运与社区居民的知识、经验是交织在一起的，社区的发展与个人的发展息息相关

诗意原则
如同对一首诗歌的理解永无尽头一般，社区的发展故事，是全体社区居民持续不断地共同谱写的

积极原则
社区议事协商会议中积极地提问，是促进个人、组织和社区发生积极变化的重要力量

同步原则
议事协商会议寻找和发现社区过去和现在的优势和长处，同时也在影响个人、组织和社区发生积极的变化

预想原则
实现社区积极发展的无穷资源，来源于社区居民对社区未来发展的集体构想和理解

图 4-4　欣赏式探询促动技术的原则

欣赏式探询促动技术将社区视为一个完整的生命体，社区居民、社区组织都是这个生命体的组成部分。社会工作者通过促进社区居民寻找和发现社区过去和现在的优势和资源，推动居民运用这些优势和资源去设想社区未来发展的愿景，共同设计社区发展的行动模式和行动方案，并通过全体居民的持续参与，推动社区发生积极的变化，共同构筑社区美好的未来。此过程也是社区居民和组织不断成长和发展的过程。

（五）欣赏式探询促动技术的流程

图 4-5　欣赏式探询促动技术的流程

欣赏式探询促动技术的社区议事协商会议开始于一个乐观的主题，经由一个积极正向的操作流程，激发社区居民和社区的发展潜力，实现社区居民和社区的共同发展。这个过程包括探索发现、构筑梦想、组织设计和实现命运四个环节。

1. 选择乐观的主题

正式开始欣赏式探询促动技术的社区议事协商活动之前，会议需要根据社区发展的需要，选择一个乐观的主题作为会议的讨论主题，这个主题能够促进居民之间的相互交流分享和学习成长，并与即将开展的社区协商治理行动相关。

社会工作者组织和参与社区协商治理，不是来找社区（居民）的问

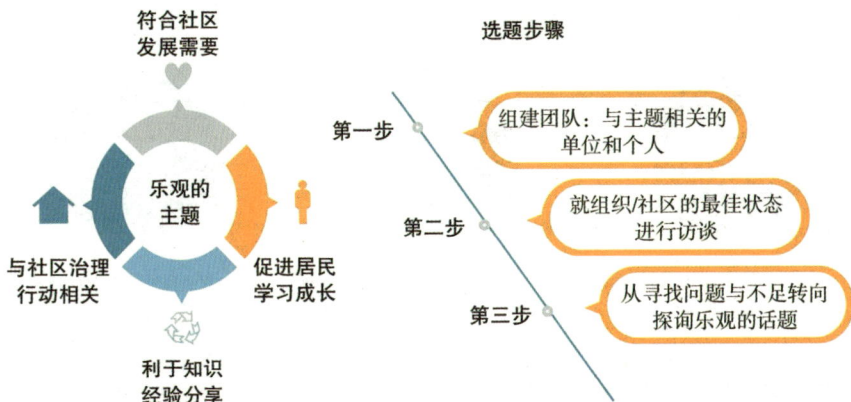

图 4-6　确定会议讨论主题的流程

题，而是与社区相关的单位和个人合作，对社区具有的优势和资源进行探询，并从中找到促进社区发展的乐观话题，此过程是一个愉快的过程。

2. 探索发现

1.运用访问及讲故事的方法发现个人、组织、社区过去和现在最成功的要素和优势
2.解释个人、组织、社区的美好体验和成功的经验
3.探询人们珍视的事物、希望、梦想、意义等

01 快乐体验
02 成功经验
03 感人故事
04 美好期望

图 4-7　探索发现的内容

　　欣赏式探询促动技术是一门以询问为基础的会谈方法，社区社会工作者在询问和听故事的过程中，协同社区相关的单位和个人，了解社区居民、社区组织和整个社区具有的优势、资源、能力和经验等有助于促进个人、组织和社区发展的成功要素，发现社区居民珍视的社区事物、人文风俗、邻里关系、梦想希望等积极因素。此过程是社区组织和居民利用欣赏式面谈深度对话和相互学习的过程，可以深入探究社区发展能够取得成功的根本因素。

3. 构筑梦想

① 创造清晰的结果导向的愿景	② 将愿景具体化、叙事化	③ 共同聆听并分享美好未来
引导参与者从现状转向美好的未来，提升想象力 探讨组织、社区在整合各种优势及力量之后所能展现出的动人景象（梦境、图画、故事、剧本等）	对理想的未来进行更清晰的描绘与分析（尽量故事化、明确参与者美好的信念、生活态度和正向的价值取向），行动/服务思路就会更加清晰地呈现在所有人面前	仔细聆听同伴发自内心描绘的美好愿景 分享大家的希望和共同期盼的未来 进一步强化参与者追逐梦想的行动力

图 4-8 构筑梦想的流程

社会工作者根据已发现的优势、资源和潜能等，组织社区居民展开对话讨论，充分发挥社区居民的经验和想象力，用描绘、分析或故事化的方式，将现有的优势、资源和潜能与社区更加美好的未来联系起来，寻找这些资源和优势促进居民成长发展，促进居民参与社区事务，促进社区发展等方面的连接点，构筑清晰的、社区居民共同期盼的社区发展愿景。

4. 组织设计

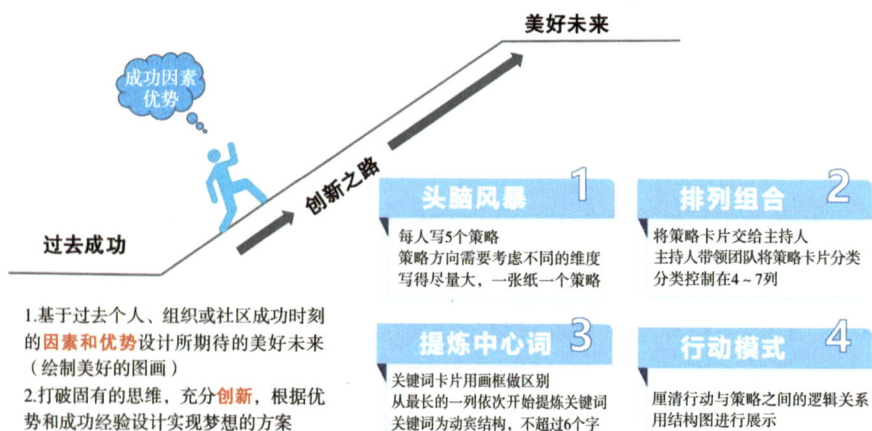

成功因素 优势

美好未来

创新之路

过去成功

1.基于过去个人、组织或社区成功时刻的**因素和优势**设计所期待的美好未来（绘制美好的图画）
2.打破固有的思维，充分**创新**，根据优势和成功经验设计实现梦想的方案

① 头脑风暴
每人写5个策略
策略方向需要考虑不同的维度
写得尽量大，一张纸一个策略

② 排列组合
将策略卡片交给主持人
主持人带领团队将策略卡片分类
分类控制在4～7列

③ 提炼中心词
关键词卡片用画框做区别
从最长的一列依次开始提炼关键词
关键词为动宾结构，不超过6个字

④ 行动模式
厘清行动与策略之间的逻辑关系
用结构图进行展示

图 4-9 组织设计的流程

欣赏式探询促动技术的组织设计是基于个人、组织和社区具有的资源和成功的经验而展开的设计。在欣赏式探询促动技术的社区议事协商活动中，社区居民在已有的资源和成功的经验的基础上，进行充分的创新，规划和设计出个人、组织和社区的美好未来，在此基础上，社区居民可以通过绘制图画等生动的形式，形象地表达对社区美好未来的期待。

在设计方案的讨论中，主持人（社会工作者）可以采用团队共创技术的议事协商方法和流程，围绕讨论主题进行头脑风暴，对头脑风暴得出的观点进行分类排列，提取中心词形成行动策略，最后厘清行动策略之间的关系，形成结构化的行动模式。

5. 实现命运

行动步骤	开始时间	完成时间	目标达成标准 （SMART原则）	需要的支持 （人财物）	负责人

图4-10　行动计划参考模板

依据团队共创形成的行动模式，将其分解为切实可行的行动步骤，并确定行动完成的具体时间段，明确行动成功的衡量标准，完成行动需要的资源以及行动实施的负责人等内容，形成完善的行动方案。社会工作者组织社区居民、社区社会组织、社区志愿者等利益相关方根据行动计划内容，积极推进、有效落实，实现社区发展的梦想与期望。

二　开放空间促动技术的流程

开放空间促动技术是一种集思广益，解决冲突，达成共识，实现自组织的高效方法。它是为一群正面临相同挑战的人开放的一个特定空间。

在这个空间里，重要的是"放开"：会议组织方和引导者需要排除一切人为的干涉和掌控。它其中的一个挑战在于：既要排除任何形式上的管控，又不能让它失控，要引导所有的参与者进入正向的轨道。对于参与者而言，开放空间就像一个集市，可以自由交换，只不过这里交换的是头脑对某些事件的"想法"（哈里森·欧文，2018）。

（一）开放空间促动技术的概念

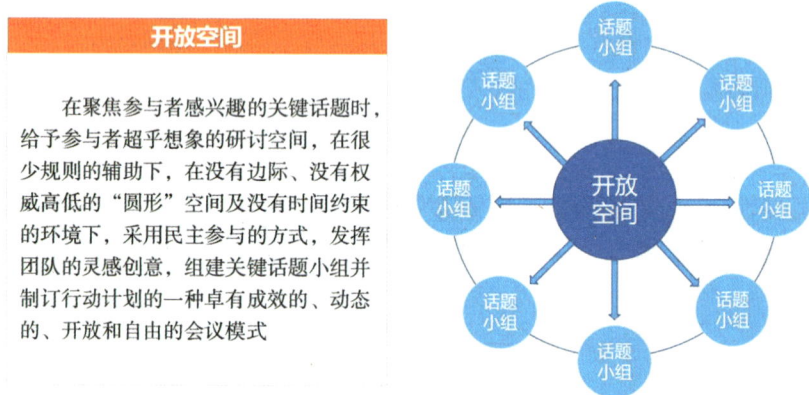

图4-11　开放空间促动技术的概念

开放空间促动技术的创始人哈里森·欧文在1983年用一年时间筹备举办了一场250人的大型会议，但是在会后调查中，与会者反馈令他们印象最深刻、感觉最好的环节是咖啡茶点时间，而不是精心准备的会议本身。结合他曾经参加过的一次会议，开会时大家围成一个圆圈，每个人面对面，不分高低、无拘无束、畅所欲言，并取得理想效果的启示，哈里森·欧文设计了开放空间促动技术。

（二）开放空间促动技术的特点

开放空间促动技术通过营造开放、自由的"圆形"会议空间，促进与会者在没有边际、没有权威、很少规则的会议环境，民主地参与议事协商活动，从而激发团队创意、广纳集体智慧，最后产生不可思议的会议结果。

充满创意
在"圆形"的空间中自由沟通，充分发挥与会者的灵感和创意

集思广益
在讨论和分享中集中团队智慧，广泛吸收有益的意见

开放空间

自主管理
设置最少的会议规则，会议交由团队自我管理和控制进度

自动自发
每位与会者都可以自主发起或参与自己感兴趣的话题

图 4-12　开放空间促动技术的特点

（三）开放空间促动技术在社区协商治理中的运用

开放空间促动技术下的社区议事协商在很少规则的辅助下，在没有边际、没有权威的"圆形"空间及没有时间约束的环境中，聚焦社区居民关注的社区问题或发展主题，组建关键话题小组，促进居民民主参与，发挥团队灵感创意，制订有效的行动计划，并付诸实践

议事　协商

圆形空间　聚焦主题　民主参与　自动自发

图 4-13　开放空间促动技术在社区协商治理中的运用

开放空间促动技术通过营造自由、开放、民主的议事协商环境，聚焦社区居民关注的社区问题或发展主题，给予社区居民充分的讨论空间，汇集集体智慧，创造性地探索问题解决的方法和社区发展的路径，从而实现基层群众自治的局面。

开放空间促动技术下的社区议事协商会议，需要充足的时间保障，促进社区居民积极而持续地参与社区协商治理事务讨论，要选择与会者感兴趣的话题，在很少会议规则的情况下，营造一种自由、开放、没有边际、没有权威的"圆形"会议空间，促进与会人员自动发起、自主管理，实现激发居民创意、凝聚集体智慧、强化群众责任、创新治理行动的目标。

（四）开放空间促动技术的规则与法则

规则一
所有出席会议的人员都是最适当的人，每个人都能为社区的发展提供宝贵的建议

规则二
不管何时开始都是最恰当的时间，只要开始行动，就能够为社区的发展作出贡献

双脚法则
当你发现自己没有学到东西或没有作出贡献的时候，请移动你的双脚到你想要到的地方去，包括加入其他话题小组或者去咖啡茶点区吃（喝）点东西，原则是不能停留在原地无所事事

该结束时就结束，把该做的事情完成之后，果断结束，不要浪费时间

不管发生什么都是应该发生的，不用计较问题如何发生、是谁的责任，应关注当前问题如何解决

规则四　　　　　　　　　**规则三**

图4-14　开放空间促动技术的规则与法则

开放空间会议"开圆"后，所有与会人员围坐成一个圆圈，形成一个平等对话的空间。主持人站在圆圈内，沿着圆的边缘走动，向全体与会成员致欢迎词，介绍主持人的职责，介绍本次会议的背景、主题和目的，介绍开放空间促动技术的历史、四项规则、一项法则和议事协商流程等安排。

（五）开放空间促动技术的流程

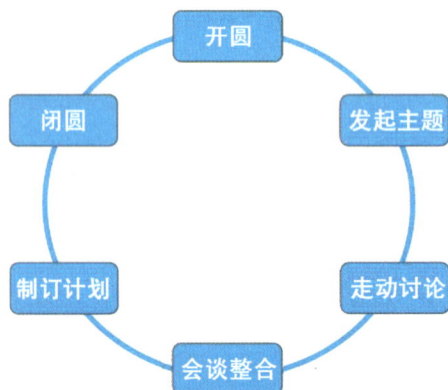

开圆

闭圆　　　　　　　发起主题

制订计划　　　　　走动讨论

会谈整合

图4-15　开放空间促动技术的流程

开放空间促动技术的主要流程包括：开圆、发起主题、走动讨论、会谈整合、制订计划和闭圆六个环节。

1. 开圆

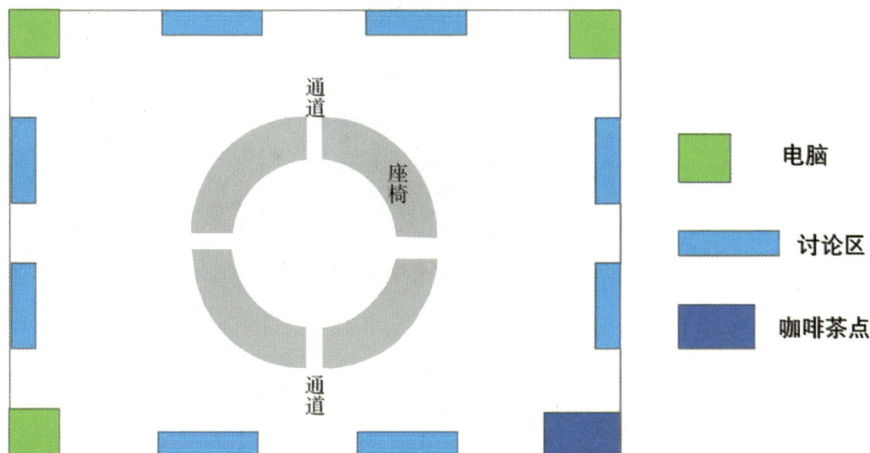

图4-16　会议空间布置

在正式使用开放空间促动技术开展议事协商活动之前，主持人需要对会议空间进行精心布置。如图4-16所示，开放空间会议需要一个宽敞的会议空间，在会议中没有传统的会议桌，所有的座椅都摆放成一个圆形，确保与会人员面对面地围坐在一起。如果参加活动的人数较多，可以围坐成若干个同心圆。圆中心净空，圆周上预留通道。

另外，在会议空间的四周，设置若干个分组讨论区域、电脑区域和咖啡茶点区域，会议空间墙面保持干净，以便张贴活动海报、便利贴或讨论大白纸。

2. 发起主题

参与开放空间会议的与会成员，一般是来自不同领域、不同年龄、不同能力的社区居民，没有人知道会议会发起哪些主题，只要是与大主题相关的，与会成员认为有必要、有价值的主题都可以被发起，其他与会成员根据自己的兴趣，选择自己喜欢的主题参与讨论。

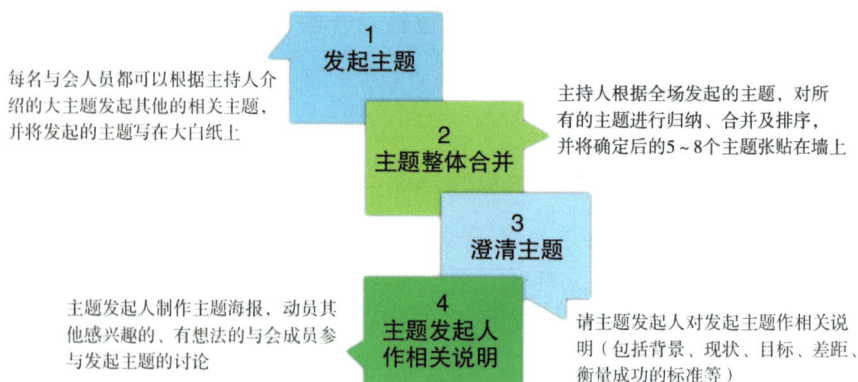

每名与会人员都可以根据主持人介绍的大主题发起其他的相关主题，并将发起的主题写在大白纸上

1 发起主题

主持人根据全场发起的主题，对所有的主题进行归纳、合并及排序，并将确定后的5~8个主题张贴在墙上

2 主题整体合并

3 澄清主题

主题发起人制作主题海报，动员其他感兴趣的、有想法的与会成员参与发起主题的讨论

4 主题发起人作相关说明

请主题发起人对发起主题作相关说明（包括背景、现状、目标、差距、衡量成功的标准等）

图 4-17　确定会议主题的流程

3. 走动讨论

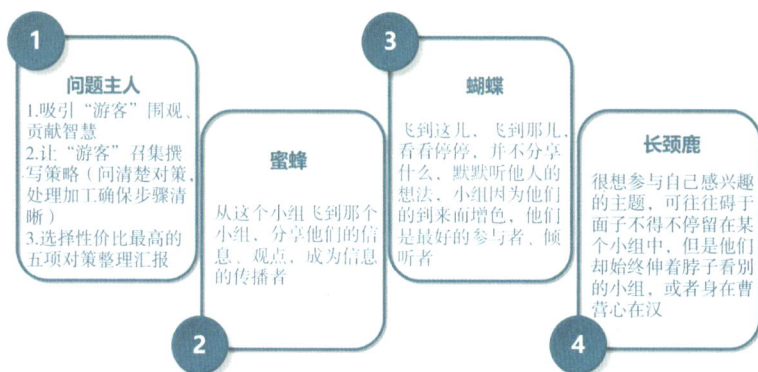

1 问题主人
1. 吸引"游客"围观、贡献智慧
2. 让"游客"召集撰写策略（问清楚对策，处理加工确保步骤清晰）
3. 选择性价比最高的五项对策整理汇报

2 蜜蜂
从这个小组飞到那个小组，分享他们的信息、观点，成为信息的传播者

3 蝴蝶
飞到这儿，飞到那儿，看看停停，并不分享什么，默默听他人的想法，小组因为他们的到来而增色，他们是最好的参与者、倾听者

4 长颈鹿
很想参与自己感兴趣的主题，可往往碍于面子不得不停留在某个小组中，但是他们却始终伸着脖子看别的小组，或者身在曹营心在汉

图 4-18　走动讨论中的 4 种角色

开放空间会议在发起主题之后，主持人需要对走动讨论阶段的四个角色进行说明，鼓励所有与会成员积极在各个感兴趣的主题之间走动，积极参与主题讨论，贡献自己的智慧。

4. 会谈整合

各主题发起人在会谈过程中，需引导参与成员积极发表观点并做好记录，最后从众多的对策中选择性价比最高的五项对策，参照团队共创技术行动模型部分的方法，对选出的对策进行结构化排序，从而形成解决问题的行动策略，并分享汇报。

开放空间的会谈成效来自会谈内容的**整理并形成行动计划**。关键在于问题主人在会谈过程中，对智慧贡献者进行有效的提问、完整的记录，确保步骤清晰，最终**选择性价比最高的五项**对策进行整理汇报

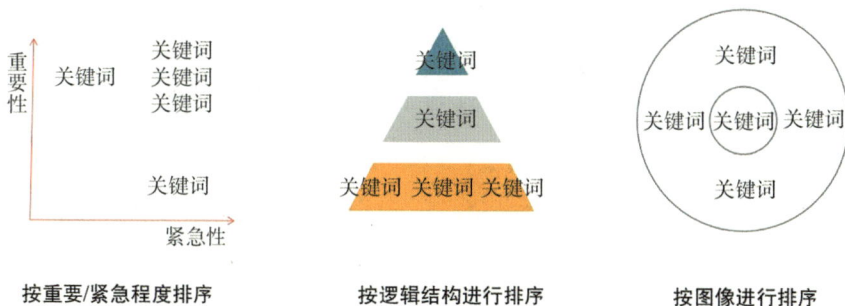

| 按重要/紧急程度排序 | 按逻辑结构进行排序 | 按图像进行排序 |

图4-19 行动策略模型

5. 制订计划

行动主题：　　　　　　　　　　　　　　　　　制订日期：
小组成员：

行动策略	行动步骤	完成期限	行动成功标准	所需资源	负责人

图4-20 行动计划参考模板

主持人根据各主题发起人的汇报内容，对各主题提出的建议与策略进行逻辑梳理，并带领与会成员一起制订初步的行动计划，明确具体的行动步骤、完成期限、衡量行动成功的标准、所需的资源和负责人等内容。

6. 闭圆

开放空间促动技术最后阶段，所有的与会成员围坐成一个圈，在主题发起人的心得分享和其他全体与会成员的一句话总结中，完成闭圆。

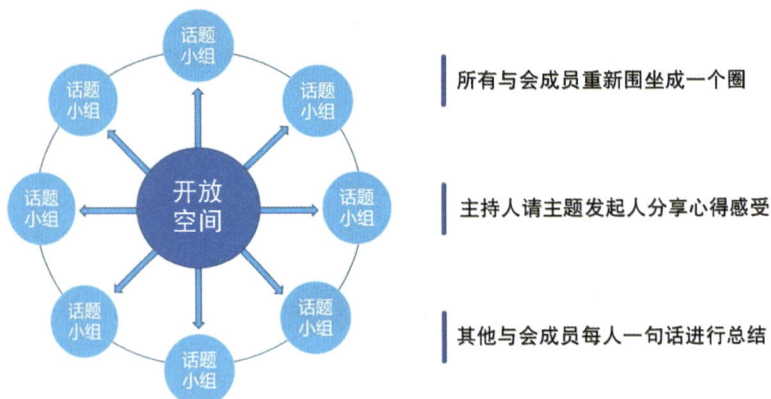

所有与会成员重新围坐成一个圈

主持人请主题发起人分享心得感受

其他与会成员每人一句话进行总结

图 4-21 闭圆流程

不管是十几人的小型会议，还是几百人的大型会议，都能够使用开放空间促动技术，该技术自由发起主题、自由发言、自由走动，有效促进了与会成员更加开放、民主地参与议事协商过程，有利于激发团队创意、广纳集体智慧，为社区问题的解决和社区的发展提供更多解决策略。

三 未来探索促动技术的流程

未来探索促动技术是一种将愿景、承诺和行动融入全系统的引导方法。它将全系统置于同一个空间，聚焦于未来和共识，而不着眼于问题及冲突。未来探索促动技术之所以如此与众不同，是因为它可以把复杂性和不确定性的共同碰撞引入澄清想法、产生希望和行动中，让组织和社区成员共同学习，优于个人单干的"全系统同在一个空间"的理念。而这个理念的关键就在于"共享"。当参与者和其他人一起探索，达成共识，就会释放出富有创意的能量，激发全体成员参与，体现整体价值（马文·维斯伯德 等，2016）。

（一）未来探索促动技术的概念

　　未来探索促动技术是一种大型团体会议形式，来自各方的利益相关者在复杂、高冲突、充满不确定性的会议环境中，通过对过去的回顾、现在的分析和未来的展望，塑造整个团队的愿景，激发团队实现梦想的动力，并推动落实具体的行动计划

图 4-22　未来探索促动技术的概念

　　未来探索促动技术是一种常用的会议和学习模式，它将整个团队的发展带到会议中，组织全体成员共同探讨团队的过去、现在和渴望的未来，形成团队发展的愿景。在会议过程中，不需要专家发言，与会成员相互对话和学习，激发团队实现梦想的动力，在以任务为导向的讨论中，形成具有互动性和创新性的团队发展行动计划。

（二）未来探索促动技术的价值

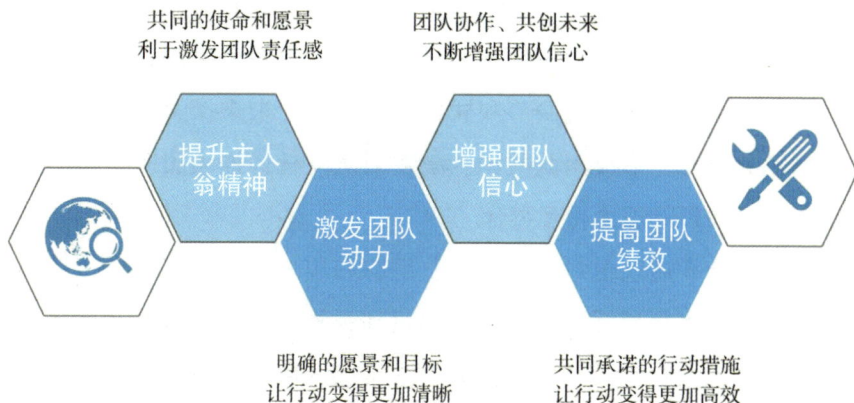

图 4-23　未来探索促动技术的价值

　　参与成员探讨团队的过去、现在和渴望的未来，达成共识并形成团

队未来发展愿景和发展规划的过程，是团队成员履行团队责任的过程。团队成员在探讨过程中，不断地明确行动目标和行动计划，充分激发团队动力，保障行动高效执行。

（三）未来探索促动技术在社区协商治理中的运用

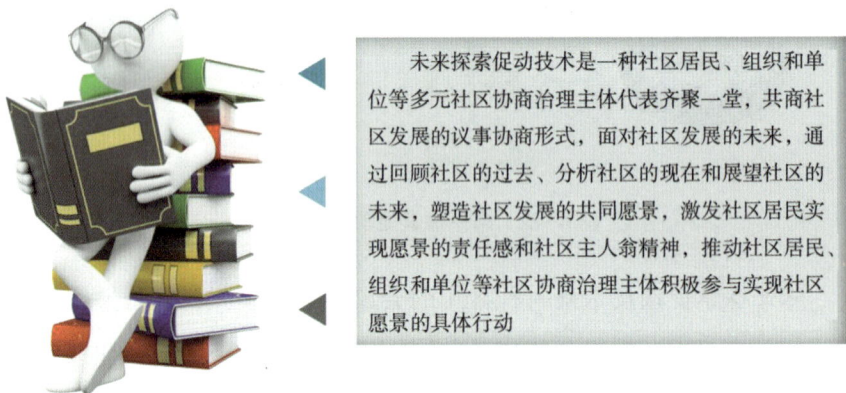

> 未来探索促动技术是一种社区居民、组织和单位等多元社区协商治理主体代表齐聚一堂，共商社区发展的议事协商形式，面对社区发展的未来，通过回顾社区的过去、分析社区的现在和展望社区的未来，塑造社区发展的共同愿景，激发社区居民实现愿景的责任感和社区主人翁精神，推动社区居民、组织和单位等社区协商治理主体积极参与实现社区愿景的具体行动

图 4-24　未来探索促动技术在社区协商治理中的运用

社区是居民生活的共同体，是由不同年龄、不同领域、不同经验、不同能力的个体、组织和单位组成的相对复杂的整体。社区发展的过去、现在和未来，与社区居民、组织和单位的发展息息相关。社区协商治理是社区居民自我管理、自我服务、自我教育、自我监督的过程，更加强调民主性，强调社区自我调节和居民良性互动，未来探索促动技术营造良性对话和学习、形成团队共识、激发团队责任、推动团队参与的理念与社区协商治理的理念相互契合。

社会工作者通过组织社区居民、组织和单位代表齐聚一堂，针对社区需要探索的主题展开互动对话，通过探讨社区过去、现在和未来，探询社区发展的共同愿景和行动计划，激发社区居民参与社区发展的责任感和主人翁精神，推动社区居民、组织和单位积极参与社区发展事务，共同实现社区发展愿景。

（四）未来探索促动技术的原则

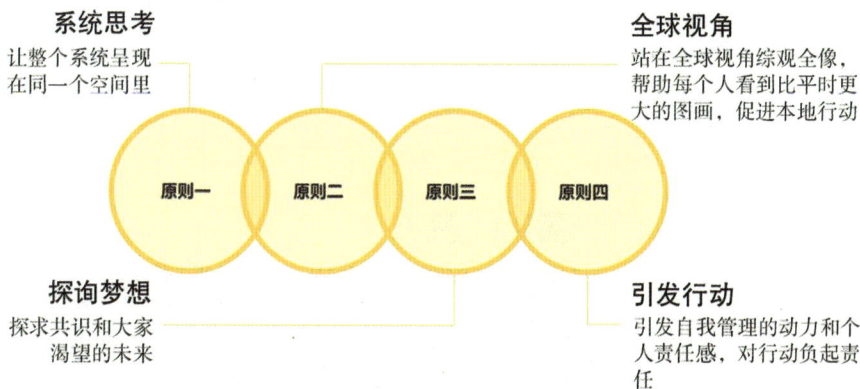

系统思考
让整个系统呈现在同一个空间里

全球视角
站在全球视角综观全像，帮助每个人看到比平时更大的图画，促进本地行动

原则一 原则二 原则三 原则四

探询梦想
探求共识和大家渴望的未来

引发行动
引发自我管理的动力和个人责任感，对行动负起责任

图 4-25 未来探索促动技术的原则

　　未来探索促动技术具有四个原则，分别是系统思考、全球视角、探询梦想和引发行动。未来探索促动技术将整个系统放到同一个空间，将会议主题聚焦到更高的全像进行分析并促进本地行动，聚焦未来和共识，而不是问题及冲突，引导全体成员达成发展共识，激发其责任感和参与发展的动力，并对行动进行自我管理。

（五）未来探索促动技术的流程

　　1.未来探索工作坊时间可长可短，半天到三天皆可
　　2.五个阶段，不需要有专家发言，参与者保持开放的态度，进行积极的对话和学习
　　3.各阶段可灵活融入头脑风暴、小组分享、整体汇报、团体对话等议事技巧

回顾过去

分析现在

从各个角度深入了解组织和社区，体验与他人探索共识所释放的创造性能量

落实行动

展望未来

达成共识

图 4-26 未来探索促动技术的流程

未来探索促动技术的社区议事协商流程包括：回顾过去、分析现在、展望未来、达成共识和落实行动五个步骤，从不同的角度深入了解社区，在开放的、积极的对话过程中，协同其他社区居民释放集体力量，共同探索社区发展愿景和行动计划，积极参与社区协商治理活动。

1. 回顾过去

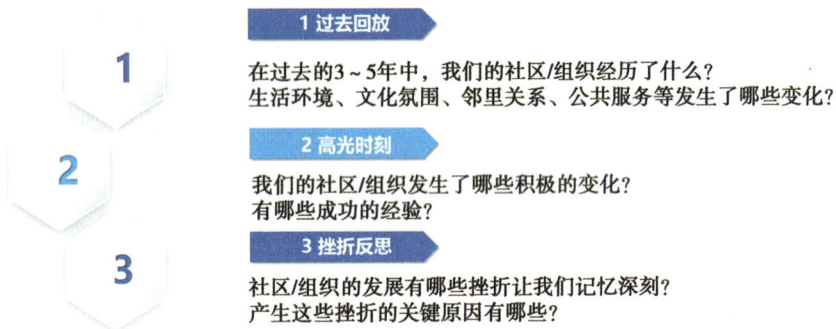

图4-27　回顾过去的流程

在未来探索促动技术的社区议事协商活动中，社会工作者需要引导参与会议的社区居民代表客观地陈述社区过去在生活环境、文化氛围、邻里关系、公共服务等方面发生的变化，重点关注社区发生的积极变化和遇到的挫折，总结社区发生积极变化的成功因素和遇到挫折的关键原因，回顾社区的过去。

2. 分析现在

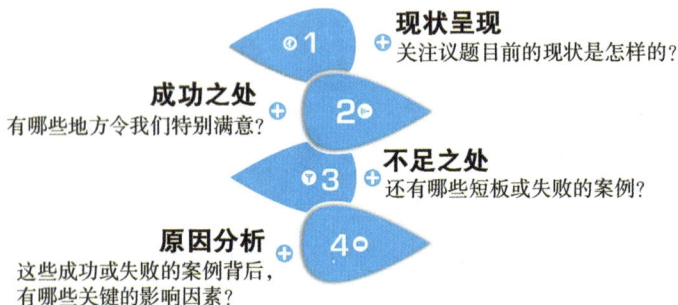

图4-28　分析现在的流程

与回顾过去的流程相似，社会工作者带领参与会议的社区居民客观陈述社区现在的生活环境、文化氛围、邻里关系、公共服务等方面的现状，了解社区居民对社区有哪些特别满意的地方和哪些不满意的地方，组织与会居民分析这些成功或失败的案例背后，有哪些关键性的影响因素。

3. 展望未来

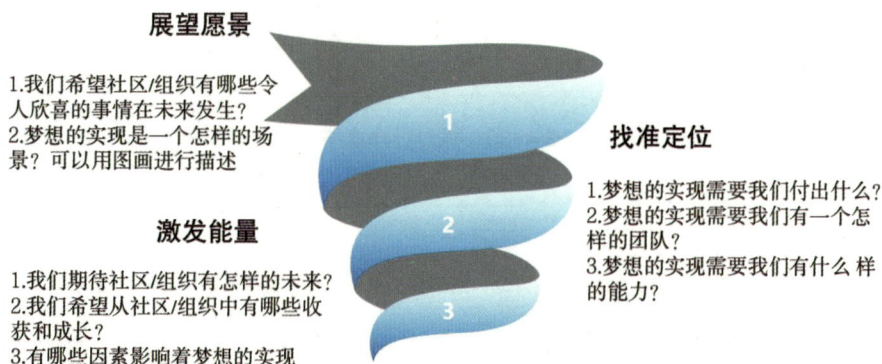

图 4-29　展望未来的流程

在回顾过去、分析现在之后，社会工作者需要引导与会居民进一步展望未来。为了激发居民积极的情绪和正能量，社会工作者可以引导与会居民通过绘图的方式，生动形象地呈现大家期望的社区未来场景，形成共同的社区发展愿景。分析社区愿景的实现，受哪些因素的影响，包括社区居民需要具备怎样的能力、需要什么样的治理队伍、需要付出哪些努力等。

4. 达成共识

实现社区愿景的措施设想应尽量具体，内容越具体，越能激发社区居民参与社区协商治理的积极性，社区愿景实现的可能性也越大。社会工作者组织与会居民灵活运用团队共创技术，对头脑风暴环节形成的措施进行整理分类、提炼关键措施、厘清各措施之间的关系并形成实现愿景的行动策略或行动模型。

为了实现社区居民共同的愿景，引导各个与会小组运用团队共创法（主题介绍、头脑风暴、排列组合、提炼中心词、形成系统等步骤），制定实现未来愿景和目标的行动策略，构建行动模型

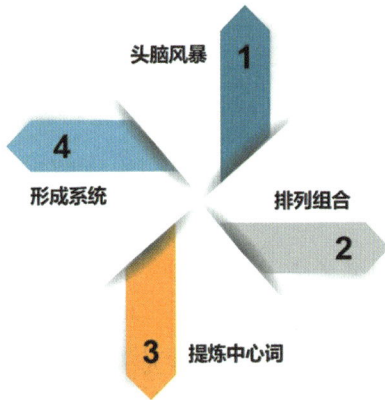

1 头脑风暴
2 排列组合
3 提炼中心词
4 形成系统

图 4-30　探讨行动策略

5. 落实行动

根据行动策略和行动模型，确定行动计划目标，形成具体的行动计划步骤和行动内容，团队共同承诺落实行动计划

行动目标	行动步骤	行动时间	目标达到标准 （SMART原则）	需要的支持 （人、财、物）	负责人

图 4-31　行动计划参考模板

根据行动策略，拟定实现社区愿景的行动目标和具体的行动内容及步骤，明确行动计划实施的时间、资源和负责人等内容，引导社区居民共同承诺，落实具体行动计划。

未来探索促动技术推动社区居民着眼于社区未来的发展愿景，激发社区居民参与社区发展的动力，推动其持续参与社区协商治理行动，共创社区未来。

四　世界咖啡促动技术的流程

世界咖啡促动技术是一种创造集体智慧的会谈方法。它在国际促动师协会（WFA）系统里，被定义为一种"促动技术"，它是国际促动师协会在我国主要推广和普及的促动技术之一。它可以促进参与者深度对话，释放灵感与创造力，连接彼此智慧，产生意想不到的颠覆式创新。它是艺术与技术结合的过程，用会谈找到答案，促动参与者积极分享和共创，激发团队潜能，凝聚团队智慧，体现集体创造力（朱安妮塔·布朗 等，2019；香取一昭 等，2020）。简单地说，世界咖啡促动技术就是通过一定的场景设置，将来自各个领域不同背景的人群，针对不同主题表达展示各自的想法和见解，将大家的思维和智慧集中起来解决问题和发现思考的共性。这是一个通过引导协作对话、分享知识的过程，可以激发出意想不到的创新点子和集体智慧（林学达，2021）。

（一）世界咖啡促动技术的概念

世界咖啡	通过营造轻松愉悦的氛围，约定"异花授粉"的跨界交流机制，包容多元化背景，设置多轮次转换，聚焦问题，激荡智慧，改善心智，促发创新的会议形式
主要内容	提出主题、串桌谈话、写写画画、分享经验、共同创造等，过程中鼓励分享经验、聆听他人，话题广泛，富有能量

图 4-32　世界咖啡促动技术的概念

世界咖啡促动技术的概念是由朱安妮塔·布朗及戴维·伊萨克在1995 年提出的，是一种类似咖啡馆的具有轻松氛围的会议形式，会议将参加者分为多个小团体进行讨论，在讨论过程中多次交换组员（即会谈中的异花授粉环节），并在此前基础上继续进行讨论，从而达到促进所有人都参与对话，凝聚集体智慧的效果。

（二）世界咖啡促动技术的特征

讨论能创造知识和价值

营造开放的场域

每个人都能够畅所欲言地表达

保持轻松的环境

每一位参会成员都是主角

能和平时遇不到的人一起交流

成员之间是平等的关系

强调自由参加

图4-33 世界咖啡促动技术的特征

世界咖啡促动技术通过营造轻松、开放的交流环境，促进不同领域、不同能力的人在一起进行自由平等的交流，畅所欲言地表达，凝聚集体智慧，创造知识和价值。

（三）世界咖啡促动技术在社区协商治理中的运用

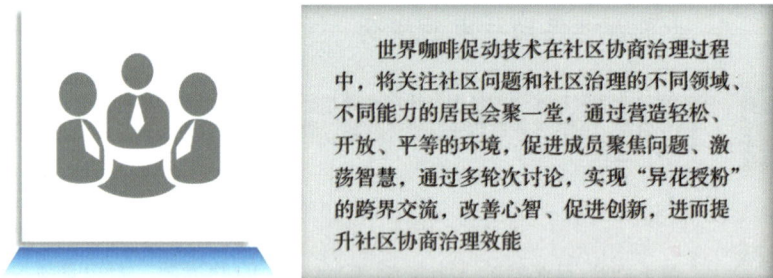

世界咖啡促动技术在社区协商治理过程中，将关注社区问题和社区治理的不同领域、不同能力的居民会聚一堂，通过营造轻松、开放、平等的环境，促进成员聚焦问题、激荡智慧，通过多轮次讨论，实现"异花授粉"的跨界交流，改善心智、促进创新，进而提升社区协商治理效能

图4-34 世界咖啡促动技术在社区协商治理中的运用

政府治理同社会调节、居民自治的良性互动，是社区治理的重要内容，在党和政府的领导下，推动各类组织积极协同、群众广泛参与，是做好社区治理工作的重要保障。世界咖啡促动技术将不同单位、不同职业、不同年龄、不同能力的社区居民会聚一堂，在轻松平等的环境内聚焦社区问题和社区发展，进行自由的交流和探讨，为社区问题的解决和社区发展提供了更多的可能性。

在社区协商治理过程中，为了汇集广大社区居民的智慧，社会工作者通过议事协商会议的形式围绕社区发展共同面临的问题和需求进行讨论，在此过程中，社区治理主体可以自由表达观点，找到志同道合的伙伴，碰撞出更多创意的火花。进而推动多元共治主体积极参与社区协商治理，共同寻找解决问题的办法。

（四）世界咖啡促动技术的原则

图 4-35　世界咖啡促动技术的原则

为了保障世界咖啡促动技术取得良好的议事协商效果，应遵循以下七项原则。

1. 设定情境

此处的情境包括世界咖啡促动技术的目的、会议形式、会议内容、参加人员、活动时间、地点及预算等，恰当的情境设定，是开展好世界咖啡促动技术的前提条件。

2. 营造氛围

世界咖啡促动技术需营造宜人好客的环境空间。一个轻松愉快的会议氛围，有助于会议参加者更加投入地参与议事协商活动。精美的邀请函可以将与议事主题相关的重要人员聚集在一起，并获得他们的重视；舒缓的音乐、惬意的茶点、充足的光线、优美的环境，能让参加者身心放松；精美的议事协商会议主题背景，清晰明了的议事协商流程，能让参加者更加专注地参与议事协商活动。

3. 聚焦主题

探索社区居民关心的、感兴趣的、认为真正重要的社区问题是世界咖啡促动技术应设置的强有力的主题。在设置主题时，应该遵循简单明确、积极向上、引人思考、便于参与的原则，促进参加者更积极地参与讨论。

4. 充分参与

世界咖啡促动技术鼓励每个人都参与贡献。每一名议事协商成员都高度参与讨论，是保障议事协商取得良好效果的关键。主持人应该把讨论过程充分地交给参加者，促进参加者将精力聚焦到议事协商主题；桌长应该合理地运用手中的"讲话棒"，邀请组员积极表达观点；组员应该围绕议事协商主题积极思考、认真聆听、反馈意见和表达自己的观点。

5. 链接观点

世界咖啡促动技术让不同领域、不同经验的人聚集在一起，交流不同的观点。通过小组讨论和异花授粉（讨论中多次交换组员以达到多个角度重新看待问题的目的）等方式，促进全体会议参加者积极表达自己的看法，聆听他人的观点，并将各种看法和观点结合在一起，寻找新的发现。

6. 激发创新

共同聆听其中的模式、见解及更深层次的问题，是世界咖啡促动技术重要的原则之一。经过多轮的讨论，会议参加者彼此交流观点，对会议主题的思考更加深刻。在全体对话阶段，全体会议参加者将共同讨论结果进行进一步的整理、分类、提炼并形成创新的问题解决策略和行动模式，大幅提高议事协商效果。

7. 总结分享

全体对话阶段是世界咖啡促动技术收获和分享集体智慧的阶段。主持人需引导全体成员共同回顾世界咖啡促动技术的过程、内容及可视化结果，并将集体智慧呈现给每一名会议参加者，促进大家分享对话过程中的收获和感受。

（五）世界咖啡促动技术的流程

图 4-36　世界咖啡促动技术的流程

世界咖啡促动技术作为一项专业的促动技术，具有一套相对完整的议事协商流程和技术要求，主要包括聚焦主题、形成小组、主题探讨、异花授粉、观点整合、全体对话等内容。

1. 聚焦主题

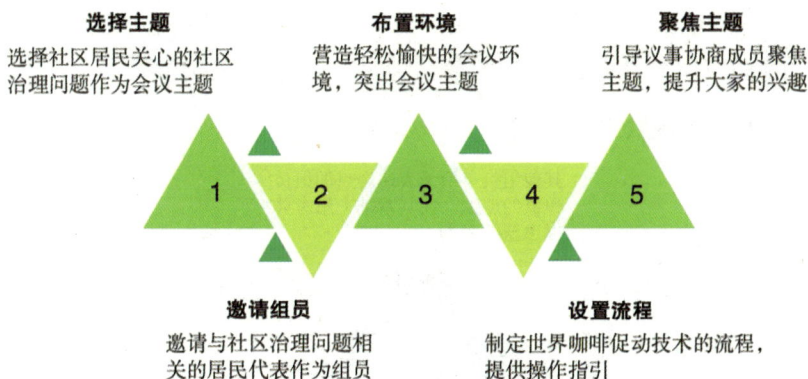

图 4-37　聚焦主题的流程

明确的主题，清晰的目标，是保障议事协商取得理想效果的前提。选择社区居民关心的、感兴趣的、重要的社区问题，邀请与问题有关的单位、组织和居民代表参与氛围轻松、流程合理的议事协商会议，提高社区居民参与议事协商活动的积极性。

该阶段，社会工作者作为世界咖啡促动技术的主持人，需要为议事协商过程提供详细的操作指引，包括筹备阶段准备讨论物料、解释每个角色的职责、推动所有人员聚集参与、提醒组员进行记录、保障换桌自然流畅等。

2. 形成小组

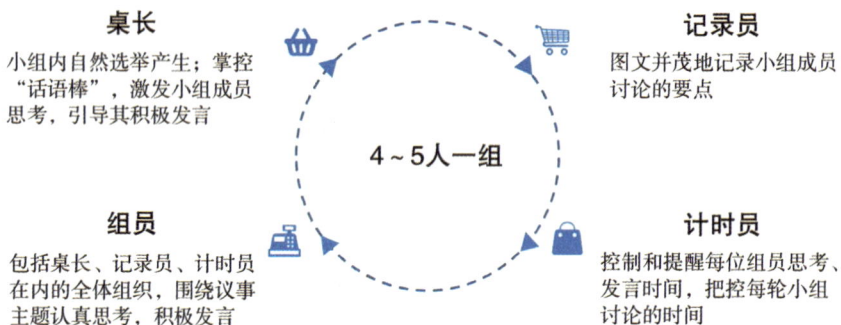

桌长
小组内自然选举产生；掌控"话语棒"，激发小组成员思考，引导其积极发言

记录员
图文并茂地记录小组成员讨论的要点

4~5人一组

组员
包括桌长、记录员、计时员在内的全体组织，围绕议事主题认真思考，积极发言

计时员
控制和提醒每位组员思考、发言时间，把控每轮小组讨论的时间

图 4-38　小组讨论过程中各角色的职能

在世界咖啡促动技术议事协商活动中，参加议事协商的成员需要分为4~5人的若干个小组进行讨论，每个小组会产生桌长、记录员、计时员等角色，有时，桌长可以同时兼任记录员和计时员的角色。

3. 主题探讨（第一轮会谈）

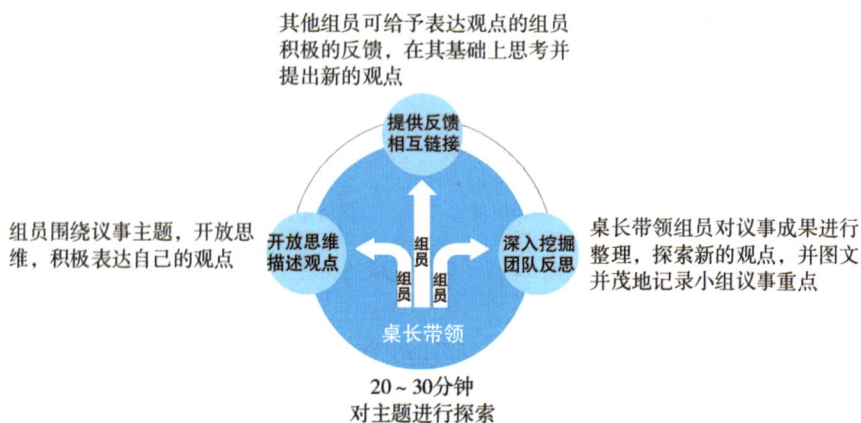

其他组员可给予表达观点的组员积极的反馈，在其基础上思考并提出新的观点

提供反馈 相互链接

组员围绕议事主题，开放思维，积极表达自己的观点

开放思维 描述观点

组员 组员 组员

深入挖掘 团队反思

桌长带领组员对议事成果进行整理，探索新的观点，并图文并茂地记录小组议事重点

桌长带领

20~30分钟 对主题进行探索

图 4-39　主题探讨的流程

主题探讨也是世界咖啡促动技术第一轮会谈，桌长带领小组成员围绕主题进行20~30分钟的讨论探索。桌长是小组推选产生的小组负责人，需要积极发挥"话语棒"的作用，引导小组成员积极思考和表达观点。

组员需要积极配合桌长，围绕议事协商主题积极思考、认真聆听、反馈意见和表达自己的观点。

桌长或记录员应图文并茂地记录组员表达的观点或反馈的意见。

4. 异花授粉（第二轮会谈）

对观点进行异花授粉（20~30分钟）

1 每组留下一名桌长，其他组员（旅客）转移到其他小组，组建新的小组

2 新的小组组员简要的自我介绍，桌长向各位新组员介绍（上一轮）会谈形成的观点

3 新组员（旅客）介绍自己所在桌会谈内容，探索其中的关联，并拓展新的观点和可能

图4-40 异花授粉的流程

异花授粉是世界咖啡促动技术的第二轮会谈。本轮讨论，各小组只留下桌长在原桌，其他组员作为"旅客"转移到其他桌，形成新的小组。新的小组组员进行简要的自我介绍，桌长向新组员介绍上一轮讨论的结果，组员结合自己上一轮所在小组讨论的观点和新小组讨论的结果，尝试进行链接并形成新的观点。

5. 观点整合（第三轮会谈）

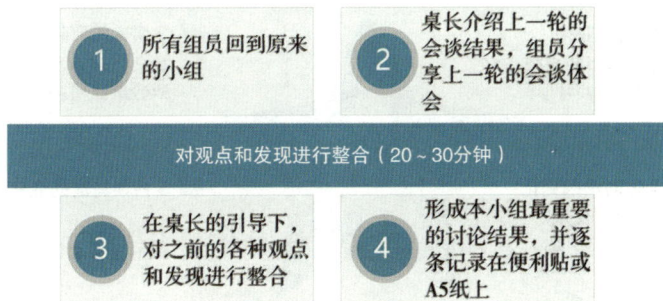

1 所有组员回到原来的小组

2 桌长介绍上一轮的会谈结果，组员分享上一轮的会谈体会

对观点和发现进行整合（20~30分钟）

3 在桌长的引导下，对之前的各种观点和发现进行整合

4 形成本小组最重要的讨论结果，并逐条记录在便利贴或A5纸上

图4-41 观点整合的流程

观点整合是世界咖啡促动技术的第三轮会谈。本轮讨论，所有的"旅客"回到原桌，互相介绍在上一轮会谈中的收获，桌长介绍上一轮会谈的结果，并带领组员对各种观点和发现进行整合，并用水彩笔将最重要的观点分点记录在便利贴或 A5 纸上。

6. 全体对话

分享并整理集体智慧发现（20～30分钟）

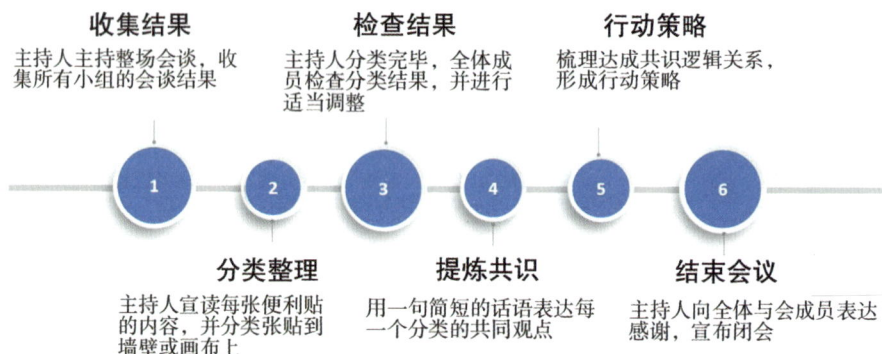

收集结果
主持人主持整场会谈，收集所有小组的会谈结果

检查结果
主持人分类完毕，全体成员检查分类结果，并进行适当调整

行动策略
梳理达成共识逻辑关系，形成行动策略

分类整理
主持人宣读每张便利贴的内容，并分类张贴到墙壁或画布上

提炼共识
用一句简短的话语表达每一个分类的共同观点

结束会议
主持人向全体与会成员表达感谢，宣布闭会

图 4-42　全体对话的流程

第三轮会谈结束以后，主持人收集各个小组的讨论成果，引导全体成员对讨论成果进行整理、分类、提炼并形成行动策略。该环节可以参照群策群力中团队共创技术流程部分的具体操作，也可以参考思维导图或视觉引导等方法将全体成员的讨论成果通过可视化的方法表现出来。

（六）世界咖啡促动技术的变化形式

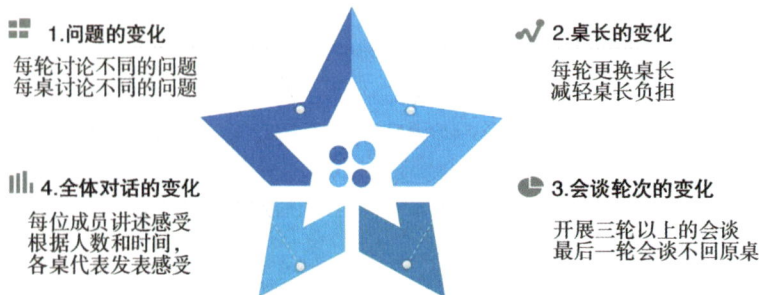

1.问题的变化
每轮讨论不同的问题
每桌讨论不同的问题

2.桌长的变化
每轮更换桌长
减轻桌长负担

4.全体对话的变化
每位成员讲述感受
根据人数和时间，
各桌代表发表感受

3.会谈轮次的变化
开展三轮以上的会谈
最后一轮会谈不回原桌

图 4-43　世界咖啡促动技术的变化形式

世界咖啡促动技术也有各种不同的变化形式，主要包括问题的变化、桌长的变化、会谈轮次的变化和全体对话的变化等。

1. 问题的变化

每轮讨论更换问题需要活动负责人慎重地设置问题，并在每次新一轮讨论开始前对之前讨论的问题进行充分的意见交流；每桌讨论不同问题需要围绕同一个主题进行问题设置并且保持充分的讨论时间，否则参加者会对不相关的问题产生困惑或对问题理解不够透彻影响会谈效果。

2. 桌长的变化

为了减轻桌长的负担，让其他成员感受不同的角色，有时会每轮更换桌长，但是不建议采用这种方法，因为桌长可起到重要的意见传达和链接作用，更换桌长会使讨论变得不够连贯。

3. 会谈轮次的变化

开展三轮以上会谈的原因包括：一是讨论小组较多、会谈时间充足；二是有三个以上的问题需要进行讨论；三是想要通过增加讨论次数，增进更多的成员交流意见。多轮次的会谈，与会成员最后一般不会回到原桌。

4. 全体对话的变化

主要包括两种，第一种是每一名与会成员都简要讲述自己的感受，在与会成员较多的情况下选择代表讲述感受；第二种是每桌安排代表分享感受，并参照图4-42进一步对各桌意见进行可视化呈现。

五 群策群力促动技术的流程

群策群力作为促动技术之一，试图在组织中营造一个让全体成员能平等、无拘无束、坦诚地沟通与交流的环境，并通过这样的环境来凝聚参与者的智慧。问题的解决不依赖于领导者的意志，在解决问题的过程中，每个人的声音都具有相同的权重，受到同样的尊重。它强调和提倡的无障碍沟通、组织成员的平等参与以及对参与成员的授权等都是群策群力促动技术的核心关键所在。只有宽松、畅所欲言的氛围，才能真正调动全体成员积极参与并奉献，最大限度地凝聚参与者的智慧。它分为计划群策群力、引导群策群力和执行群策群力三个阶段（尤里奇 等，2003）。

（一）群策群力促动技术的概念

群策群力促动技术最早是美国通用电气公司（GE）"Work out"工作方法的中文翻译，通用电气公司对群策群力的定义是不同层级、不同部门的管理者和员工齐聚一堂，对组织当下关注的核心问题献计献策，整合成系统思路，形成具体的行动计划方案并付诸实施的方法技术

图 4-44 群策群力促动技术的概念

通用电气公司董事长兼首席执行官杰克·韦尔奇指出群策群力促动技术是帮助组织创建一种每个人都开始积极参与、每个人的想法都开始被注意、领导者更多的是促动员工而不是控制员工的文化。

（二）群策群力促动技术的特点

凝聚集体智慧
营造一个全体成员平等、无拘无束、坦诚地沟通与交流的环境，并通过这样的环境来凝聚集体智慧

实现充分授权
问题的解决依赖于各相关部门及该问题直接相关人员的参与和贡献，而不依赖领导者

快速解决问题
在问题解决的过程中，消除相互推诿和议而不决的现象，快速解决问题

图 4-45 群策群力促动技术的特点

为了充分发挥不同层级、不同部门组织成员的智慧，群策群力促动技术注重营造开放、坦诚的会议环境，激发与会者参与热情，围绕会议主题积极思考、畅所欲言地表达。这个过程不依赖领导，更加注重团队共创和团队决策，充分发挥团队集体智慧，快速解决组织面临的问题。

（三）群策群力促动技术在社区协商治理中的运用

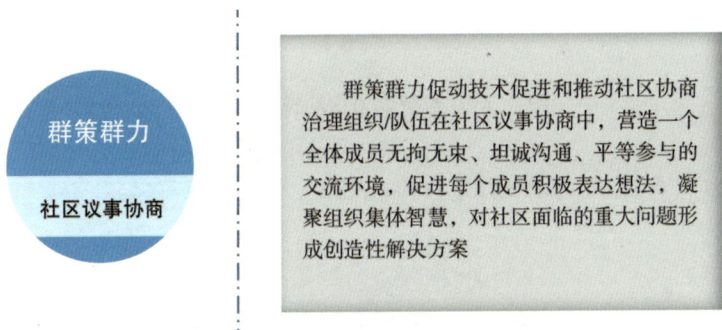

群策群力促动技术促进和推动社区协商治理组织/队伍在社区议事协商中，营造一个全体成员无拘无束、坦诚沟通、平等参与的交流环境，促进每个成员积极表达想法，凝聚组织集体智慧，对社区面临的重大问题形成创造性解决方案

图 4-46　群策群力促动技术在社区协商治理中的运用

群策群力一词原指发挥群体作用，一起出谋划策，贡献力量。用这个词来涵盖杰克·韦尔奇提出的促动技术很容易被我们理解和接受。随着社区治理工作的逐步深入，社区议事协商机制得到了进一步延伸，越来越多的社会组织、社区志愿者、社区居民等群体代表也参与社区议事协商服务。社会工作者积极动员和组织广大居民群众和相关方代表参与社区议事协商活动，营造轻松平等的沟通环境，促进每个成员积极参与，广泛汇集集体智慧，快速解决社区居民广泛关心的集体问题。由此可见，群策群力促动技术为提高社区议事协商成效提供了重要的技术保障。

（四）群策群力促动技术的原则

群策群力促动技术关注与社区居民息息相关的、重要的、紧急的社区问题，社会工作者通过组织社区居民和相关方代表参与平等、坦诚交流的议事协商会议，引导与会者围绕主题展开积极思考和讨论，赋予团队权力和责任，凝聚团队集体智慧，激发团队行动动力，快速找到解决问题的办法和措施。

交流环境平等坦诚
营造全员平等、坦诚交流
的会议环境

自动自发承担责任
集体承诺，激发团队责任，
让行动变成游戏

快速精准问题定位
根据问题的重要性和紧急性，
快速精准地定位问题

积极参与问题解决
团队共创，促进全员积极参
与解决问题的讨论

不依靠领导者决策
赋予团队成员权力和责任，
参与社区发展决策

图 4-47 群策群力促动技术的原则

（五）群策群力促动技术的流程

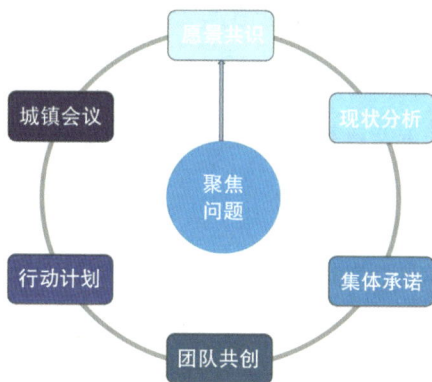

图 4-48 群策群力促动技术的流程

群策群力促动技术作为一项以问题解决为导向，引导议事协商活动取得理想效果的促动技术，在群策群力的准备环节，群策群力促动技术团队首先需要选取群策群力的主题，聚焦希望解决的问题。所聚焦的问题必须兼具重要性和紧急性原则，问题必须被精准地描述出来，符合SMART 原则的要求，做到清晰、可测量。

群策群力促动技术具有一套完整的技术流程，一般情况下，包括愿景共识、现状分析、集体承诺、团队共创、行动计划、城镇会议等流程。

以下就该技术的各个流程及具体措施进行详细介绍。

1. 愿景共识

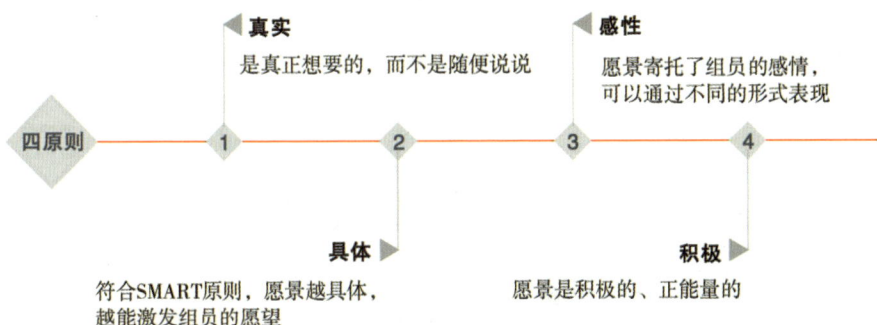

図 4-49　愿景共识四原则

在发起群策群力之前，社会工作者需根据紧急性、重要性维度，选择工作坊参加者共同关注的社区问题，在议事协商过程中引导参加者明确群策群力的愿景共识。

愿景共识是整个议事协商过程的核心，为了制定合适的愿景共识，应该遵循真实、具体、感性、积极等原则。好的愿景共识能够寄托参加者的共同愿望，可以促进组员更加积极地参与议事协商，更充分地汇集集体智慧。

2. 现状分析

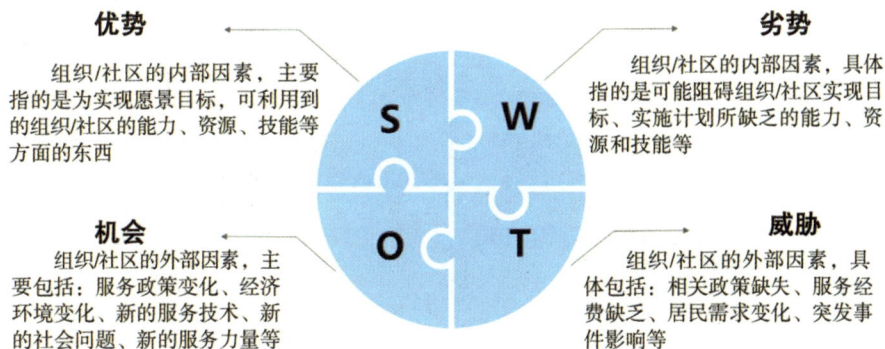

図 4-50　SWOT 分析

SWOT 分析是常用的现状分析工具，适用于治理组织或社区整体发展面临问题的现状分析，对于社区某个群体或某个具体问题的分析，可以选择更加合适的分析工具，比如问题树、6W3H 等分析方法（森时彦 等，2016；严剑 等，2021）。

3. 集体承诺

以小组为单位，所有小组成员讨论并在大白纸上写下小组本次议事协商活动要完成的目标，并许下承诺。若目标完不成，小组成员需要接受一些娱乐性的惩罚，提升议事协商的趣味性和小组的凝聚力。

图 4-51　"趣味"承诺

基于组员承诺的议事协商，有助于激发社区协商治理队伍的主动性和凝聚力，娱乐性的惩罚也有助于增强组员的"动力"，对社区协商治理力量参与社区协商治理工作具有重要意义。

4. 团队共创

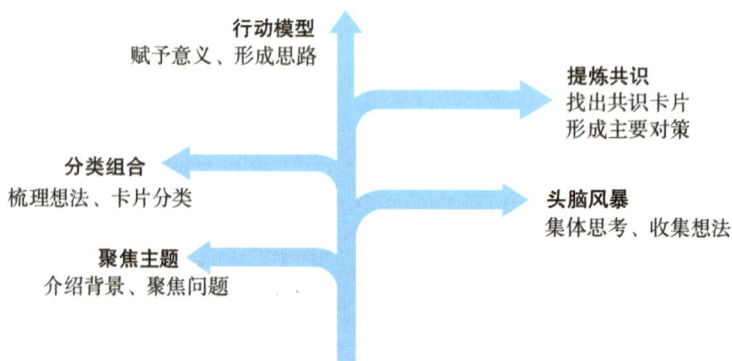

图 4-52　团队共创的流程

团队共创是一种常用的促动工具。它是针对一个明确的主题，全体议事协商成员通过组员头脑风暴、分类组合、提炼共识的过程，形成解决问题行动模型的方法。团队共创有助于将个体智慧进行有效连接，从而发挥集体智慧的作用，最终达成团队共识。

本章将重点介绍群策群力促动技术流程中团队共创的核心步骤，包括聚焦主题、头脑风暴、分类组合、提炼共识、行动模型五个部分。前文已经对聚焦主题、明确目标进行了介绍，此处将从头脑风暴开始对团队共创法进行详细介绍。

（1）头脑风暴

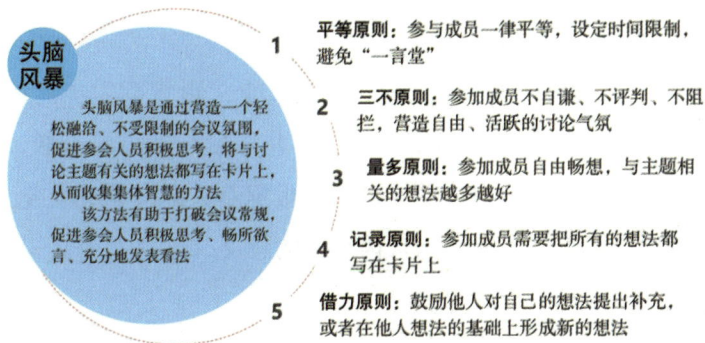

头脑风暴

头脑风暴是通过营造一个轻松融洽、不受限制的会议氛围，促进参会人员积极思考，将与讨论主题有关的想法都写在卡片上，从而收集集体智慧的方法

该方法有助于打破会议常规，促进参会人员积极思考、畅所欲言、充分地发表看法

1 **平等原则：**参与成员一律平等，设定时间限制，避免"一言堂"

2 **三不原则：**参加成员不自谦、不评判、不阻拦，营造自由、活跃的讨论气氛

3 **量多原则：**参加成员自由畅想，与主题相关的想法越多越好

4 **记录原则：**参加成员需要把所有的想法都写在卡片上

5 **借力原则：**鼓励他人对自己的想法提出补充，或者在他人想法的基础上形成新的想法

图 4-53　头脑风暴的概念及流程

头脑风暴开始前，主持议事协商会议的社会工作者需要提前准备好空白纸（A4/A5）或便利贴、水彩笔等物资，同时准备一张大黑板或一面干净的墙，供议事协商成员填写和展示想法。

参加议事协商会议的成员可以根据参加人员数量进行分组，小组人数以 4~6 人为宜，各小组成员可以进行个人头脑风暴，将个人想法写在空白纸或便利贴上（每张只写一个）。也可以进行小组头脑风暴，小组成员各自分享观点，再选出针对主题最重要、最关键的观点。

（2）分类组合

分类组合需要在一面干净的墙或大白板上进行，将各小组讨论的卡片分类张贴在墙上或白板上，建议有条件的议事协商团队参考或使用PPT中的团队共创画布工具。

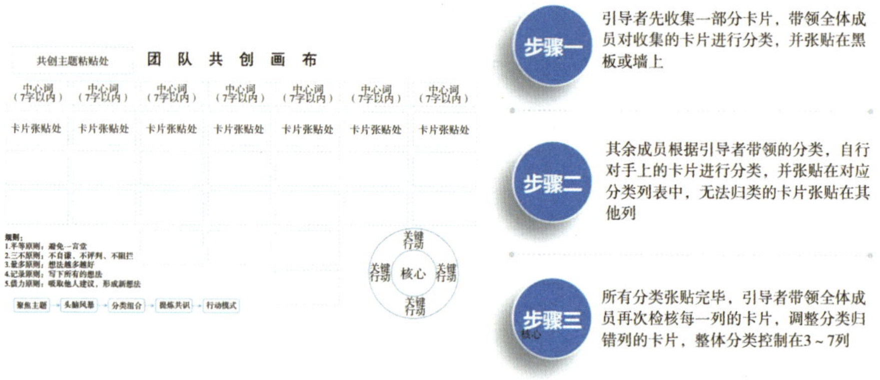

图 4-54　分类组合的步骤

卡片分组不宜太多，也不宜太少。分组过少，影响下一步提炼共识和行动计划制订；分组过多，不便于记忆，并导致行动措施分散。卡片分组是一个创新的过程，议事协商成员可以根据个人的经验和直觉划分，发现卡片内容之间的关系，赋予卡片内容新的意义。

（3）提炼共识

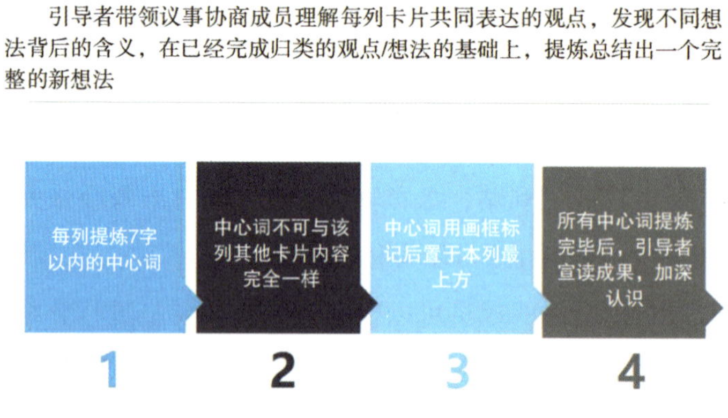

引导者带领议事协商成员理解每列卡片共同表达的观点，发现不同想法背后的含义，在已经完成归类的观点/想法的基础上，提炼总结出一个完整的新想法

图 4-55　提炼共识的规则

提炼共识环节，社会工作者需要引导议事协商成员一起思考每一列卡片表达的共同意思，并提取中心词总结该列卡片的含义。

在提炼过程中，社会工作者需要注意观察组员的参与情况，确保每个人都参与其中。如果出现不同的声音，社会工作者需要引导议事协商成员一起探讨不同观点背后的想法，整合不同的观点形成中心词或者通过投票的方式确定中心词。

（4）行动策略模型

引导者引导全体议事协商成员思考不同中心词之间的逻辑关系，并绘制成一个合适的图像，将新想法进行结构化处理，确定新想法在问题解决过程中发挥的作用（核心、支持、基础等），厘清行动模型之间的关系

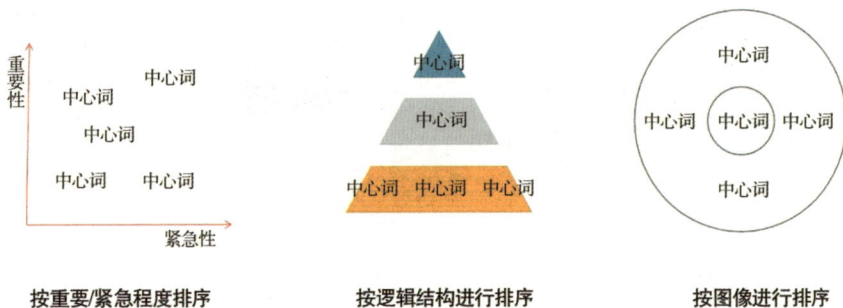

| 按重要/紧急程度排序 | 按逻辑结构进行排序 | 按图像进行排序 |

图4-56 行动策略模型

行动模型是实施行动计划的重要思路，可以按照重要/紧急程度、逻辑结构、靶心图等方式进行排序，梳理清楚行动策略之间的关系，确定行动计划的具体步骤和流程，加强小组成员对行动策略的理解。

5. 行动计划

行动主题：   制订日期：
小组成员：

行动策略	行动步骤	完成期限	行动成功标准	所需资源	负责人

图4-57 行动计划参考模板

行动计划需围绕行动模式的中心词展开，梳理清楚行动策略及具体

行动的步骤和时间安排，明确行动成功的衡量标准，完成行动所需要的资源以及行动实施的负责人等内容。

6. 城镇会议

> **城镇会议**

社区议事协商团队介绍行动计划，邀请社区治理专家提问，引导议事协商成员积极思考，进一步优化和改进工作思路，并争取必要的资源

关注行动计划是否可以解决面临的问题

议事协商成员应欣然接受专业人士提出的问题和建议

关注行动计划、行动落实和结果实现

城镇会议是争取资源的好机会

图 4-58　城镇会议的概念

城镇会议是源于西方的一种高效会议形式。在社区议事协商会议最后一个流程，会议邀请街道（乡镇）、社区（村）相关社区协商治理专家和资深社区社会工作者代表，听取组员汇报议事协商成果。专家进行现场提问，引导议事协商成员积极思考，不断优化行动计划。

专家提问是该环节最重要的工作，而不是指导和提建议。有效的提问可以引发思考，帮助组员探索解决问题的最佳途径。好的提问应该包括以下几个方面：①多问 What 少问 Why；②跳出框框，拓宽视野；③聚焦目标正向思考；④多问开放式问题，少问封闭式的问题。

另外，城镇会议也是促进街道（乡镇）、社区（村）相关专家加强与社区居民沟通交流的重要途径，是社区自治力量获得相关部门支持的主要途径。

六　复盘促动技术的流程

复盘原是围棋术语，把对弈过程还原并且进行研讨、分析的过程。用到社区治理中，就是对实际工作中遇到的问题进行复盘，帮助管理者有效地总结经验，提升能力、实现绩效的改善。复盘的本质是从过去的经验中学习，通过对自己的经历、已经发生的事件或行动进行回顾、总

结来学习。突破成长瓶颈，不断迭代升级，把经验变成能力（邱昭良，2018）。

（一）复盘促动技术的概念

复盘，又称AAR（After Action Review），指行动后学习，或行动后反思、事后回顾，是管理学中应用最广泛的工具之一，供团队从过去的成功或失败中得到经验和教训，以便改进未来的表现

图4-59　复盘促动技术的概念

随着社区治理的深入推进，社区议事协商平台不断完善，社区多元共治主体也积极参与社区协商治理事务，并对社区治理提出了许多宝贵的意见和建议。及时组织协商治理主体对社区协商治理过程和效果进行复盘，总结成功或失败的经验和教训，是促进社区协商治理持续发展的有效保障，也是促进社区居民能力提升的有效方法。

（二）复盘促动技术的目的

复盘是为了把失败转化为财富，把成功转化为能力

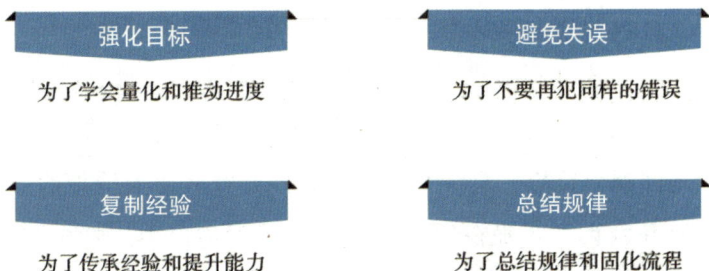

强化目标
为了学会量化和推动进度

避免失误
为了不要再犯同样的错误

复制经验
为了传承经验和提升能力

总结规律
为了总结规律和固化流程

图4-60　复盘促动技术的目的

及时复盘，对个人成长、组织发展、项目执行具有重要意义，它是把失败转化为财富，把成功转化为能力的重要工具。通过及时反复的复盘，人们可以不断地强化目标、避免不必要的失误、复制成功的经验、总结成功规律并形成固化流程，指导个人、组织不断地成长和进步。

（三）复盘促动技术在社区协商治理中的运用

在社区协商治理实践中，复盘促动技术是指社区居民、社区组织和社区单位等社区协商治理力量的代表在参与社区协商治理事务后，聚在一起，就参与社区协商治理事务的过程和效果进行讨论和分析的过程，旨在发现社区协商治理过程中成功或失败的经验和教训，并将其运用到后续社区协商治理行动中，提升社区协商治理力量参与社区治理的能力，进而提高社区治理的效果

图 4-61　复盘促动技术在社区协商治理中的运用

随着社会治理重心向基层下移，社区多元治理主体也积极参与社区协商治理，对社区发展提出了许多宝贵的意见和建议。及时组织社区治理主体对社区协商治理过程和效果进行复盘，总结成功或失败的经验和教训，是促进社区协商治理持续发展的有效保障。因此，在社区居民、社区组织、社区单位等多元共治力量持续参与社区议事协商的过程中，需要不断地回顾、反思、总结和提炼，为提升社区协商治理的效果积累宝贵的经验和教训，明确在后续社区协商治理过程中，要继续做什么，停止做什么，开始做什么。

（四）复盘促动技术的原则

复盘，要融入社区协商治理的各个环节，做到小事及时复盘、大事

当日/每周
社区治理行动结束后及时复盘
制订改进方案并落实

月度/季度
社区治理项目工作进行阶段性复盘
及时调整工作目标和行动计划

半年/年度
社区治理项目实施结束或告一段落，
及时进行总复盘，总结教训、固化经
验，形成成功的社区议事协商模式

图 4-62　复盘促动技术的原则

阶段性复盘、事后全面复盘。社区社会工作者或社区社会组织负责人，需要根据社区议事协商行动的进展情况，及时组织相关居民、组织和单位代表，对治理行动进行合理的复盘，不断优化治理行动计划，提升社区协商治理效能。

（五）复盘促动技术的五个态度

图 4-63　复盘促动技术的五个态度

复盘的过程需要具备五个态度，包括开放心态、坦诚表达、实事求是、反思自我和集思广益。开放心态，才能听取不同的意见，发现问题所在；坦诚表达，才能收集到真正的想法，达成真正的共识；实事求是，才能弄清楚真正的成功或不足，找到成败的根本原因；反思自我，才能敢于正视自己的不足，获得真正的提升；集思广益，才能更全面地看待问题，找到解决问题的办法。

（六）复盘促动技术的误区与"五求"

不是

自己骗自己，证明自己对

流于形式，走过场

追究责任，开批判会

强调客观，推卸责任

简单下结论，刻舟求剑

复盘宗旨

而是

重在实事求是（求真）

重在内容和找原因（求实）

重在改进和提高（求学）

重在反思和自我解剖（求内）

重在找到本质和规律（求道）

图 4-64　复盘促动技术的误区与"五求"

如前所述，复盘的过程需要与会者保持开放、坦诚和愿意承担责任的心态，敢于面对社区协商治理过程中自身的缺陷和错误，勇于承担责任。整个复盘的过程应该注重实事求是，虚心学习，通过集体反思和自我剖析，找到亮点与不足的根本原因，发现成功或失败的本质和规律，避免复盘的五个误区，贯彻复盘的"五求"宗旨。

（七）复盘促动技术的流程

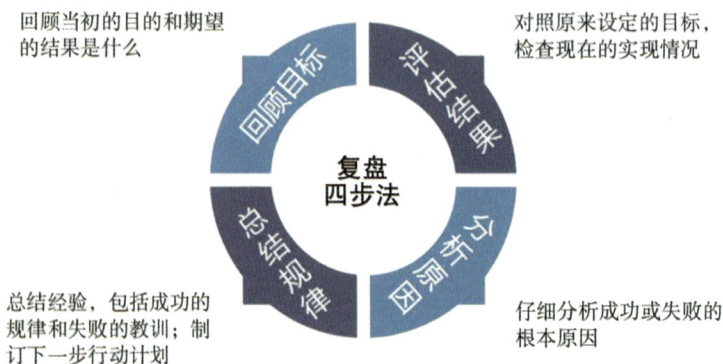

回顾当初的目的和期望的结果是什么

对照原来设定的目标，检查现在的实现情况

回顾目标　评估结果

复盘四步法

总结规律　分析原因

总结经验，包括成功的规律和失败的教训；制订下一步行动计划

仔细分析成功或失败的根本原因

图 4-65　复盘促动技术的流程

复盘的一般步骤包括四个阶段：回顾目标、评估结果、分析原因和总结规律。

1. 回顾目标

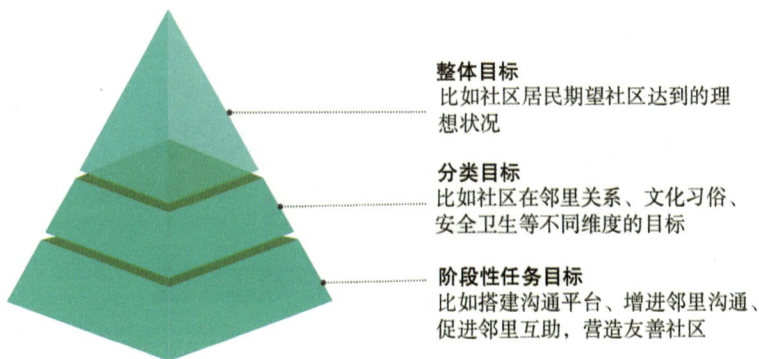

整体目标
比如社区居民期望社区达到的理想状况

分类目标
比如社区在邻里关系、文化习俗、安全卫生等不同维度的目标

阶段性任务目标
比如搭建沟通平台、增进邻里沟通、促进邻里互助，营造友善社区

图 4-66 回顾目标

回顾目标阶段，社会工作者带领与会者回顾社区协商治理行动的目的、具体目标、行动策略和阶段性任务。整个回顾过程要求实事求是、全面、客观，社会工作者和与会者对发言人不表扬、不批判，并做好记录。

值得注意的是，有时候社区议事协商既定的目标和实际的结果会发生较大的差异，导致复盘的过程产生分歧，影响复盘的效果。因此，在制定目标时，务必要多花一些时间去澄清目标，设定明确的目标达到的标准，尽可能保障既定目标和事实相一致。

2. 评估结果

成功之处
哪些计划完成了？
哪些目标达到了？
有哪些支持数据？

不足之处
哪些计划未完成？
哪些目标未达成？
负面影响有哪些？

图 4-67 评估结果

对社区协商治理行动目的、目标和阶段性任务的回顾，是为了找准社区协商治理行动值得学习的亮点和需要改进的不足，包括目标的达成、计划的完成等方面的亮点与不足。找准社区协商治理的亮点和不足，是下一阶段深入探讨社区协商治理行动取得成功或失败原因分析的重要前提。

3. 分析原因

成功关键因素

结果超出目标，主要探询成功的关键要素是什么

失败根本原因

结果低于目标，主要探询失败的根本原因是什么

图 4-68 分析原因

通过原因分析，找出评估结果成功的关键因素和不足之处的根本原因都有哪些，常使用的工具包括头脑风暴法、鱼骨图法、五个为什么等。

这一阶段，与会者需要保持开放、坦诚和愿意承担责任的心态，敢于面对社区协商治理过程中自身的缺陷和错误，勇于承担责任。

4. 总结规律

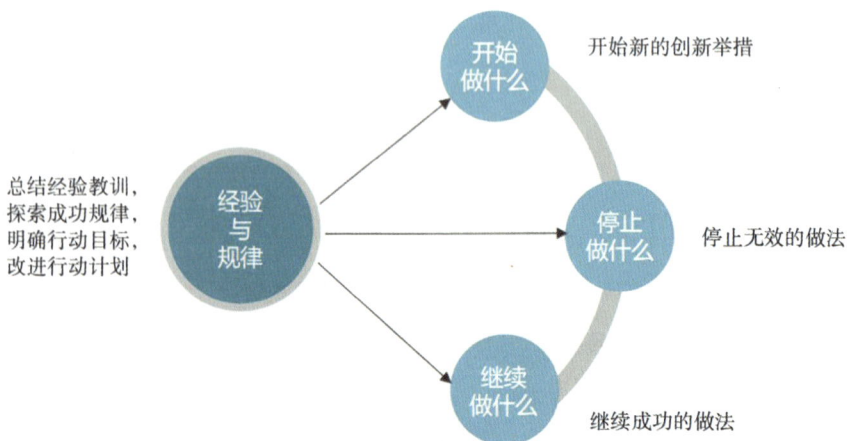

开始做什么 —— 开始新的创新举措

总结经验教训，探索成功规律，明确行动目标，改进行动计划

经验与规律

停止做什么 —— 停止无效的做法

继续做什么 —— 继续成功的做法

图 4-69 总结规律

复盘的核心目的是从行动中汲取经验和教训，进一步完善行动计划，并在未来的社区协商治理行动中加以运用。因此，社会工作者可以引导社区协商治理主体尝试回答：我们可以从本次行动中学到什么？有哪些值得继续坚持和推广的做法？有哪些不当的做法有待改进？通过有效的提问，总结出真正有效的经验和规律。

（八）复盘的表格

1.回顾目标		
当初的目的是什么 （期望的结果）		
分解的目标&里程碑 （阶段性重点工作）		
2.评估结果		
成功之处 （与原来目标比）		
不足之处 （与原来目标比）		
3.分析原因		
成功关键因素 （主/客观）		
失败根本原因 （主/客观）		
4.总结规律		
经验与规律 （不要轻易下结论）		
行动计划	开始做什么	
	停止做什么	
	继续做什么	

图 4-70　复盘的表格

为了规范复盘的思路，提高复盘的效果，复盘的每一个环节都应该细化，并形成相对应的复盘表格。社会工作者可根据表格呈现的思路一步一步地带领参与复盘的人员按要求复盘。

（九）复盘与社区治理力量的发展

改变自我
有自知之明，愿意接受不同的观点，经常反思，在行动上调整自己

提升学习意愿
想不想学？为什么学？是否愿意花时间去学？

学习

灵活运用知识
学以致用，解决实际问题，避免空泛理论及概念性的说教，在实践中检验自己知识的准确性

改善学习方法
有针对性地找到自己的需求，有重点地安排学习计划，善于挖掘学习对象，善于求教

善于总结提炼
善于总结归纳业务知识、方法并能形成系统，指导今后的工作

图 4-71 复盘与社区治理力量的发展

复盘，不仅是优化社区协商治理行动的重要工具，也是社区居民、社区组织等社区协商治理主体学习和成长的过程。它促进社区协商治理主体提升学习的意愿、改善学习方法，通过有效的总结提炼和灵活的知识运用，不断地改变和提升自己。社区协商治理主体在社区协商治理行动中不断提升自己，有利于他们更加积极、深入地参与社区协商治理事务，进而提升社区协商治理效果。

应用篇

（实践研究）

第五章

促动技术在社区协商治理
实践中的应用案例研究

一 欣赏式探询促动技术在社区协商治理实践中的应用案例研究

案例 1.1

探询社区能量，激活共治动力
——欣赏式探询促动技术在 ML 社区协商治理与发展中的运用

1. 案例背景

党的二十大报告指出，要"完善社会治理体系。健全共建共治共享的社会治理制度，提升社会治理效能"，"畅通和规范群众诉求表达、利益协调、权益保障通道"，"建设人人有责、人人尽责、人人享有的社会治理共同体"。社会工作对于社区协商治理至关重要，其专业的理念、方法、流程、工具等，使其在开展社区协商治理工作中形成标准化输出，进而提升社区协商治理整体工作能力，带来居民体验的标准化和专业化。而在社区协商治理过程中，一方面社会工作需要紧贴社区协商治理实际，解决问题和难题；另一方面社会工作要发挥技术赋能作用，运用科学体系推动社区治理。

社区作为居民共同的家园，社区事务也是居民的共同事务，但社区常常出现有问题需要解决时"议而不决""决而不行""行而不实"的现象，如何规范、有序、高效推动社区居民参与议事协商，以主人翁的态度共绘社区蓝图，是一项需要长期探索的工作。ML社区处于快速发展与变迁的过程中，新居民大量迁入，新家园初步形成，社区各项设施有待完善，家园共同体意识有待增强。近日，随着ML山郊野公园假日专线的开通，游客剧增，高峰期日均游客达万余人，社区周边垃圾成堆问题突出。据此，ML社区党群服务中心在社区党委指导下联合TL湖党支部和物业共同开展共建"绿色宜居"ML社区行动，通过欣赏式探询促动技术的方式，让居民及社区各方参与其中，发掘和盘点社区的资源及优势，运用资源及优势解决社区面临的问题，在欣赏式探询促动技术推动居民参与社区协商治理方面做了一次有益的尝试。

2. 应用过程

欣赏式探询促动技术研究的是当人类系统发挥最佳功能时，是什么增强他们的生命力。简言之，最佳状态的人类组织规划和变革是一个以肯定和欣赏为基础的关系探询过程（黛安娜·惠特尼 等，2019）。它通过4D循环流程，发现（Discovery）、梦想（Dream）、设计（Design）、命运（Destiny），将组织的注意力集中在最正向的潜力上，集合组织有形和无形的强项、能力、资源和资产等集体智慧，使组织发生转变和持续成功。在社区的使用和实践过程中，很多不同类型的社区已经使用了欣赏式探询促动技术来创新谈话模式，并取得了积极有效的成果。社会工作者运用欣赏式探询促动技术与居民一起寻找肯定乐观主题，并通过4D模式贯通引导社区各方通过访谈发现—构筑梦想—组织设计—实现命运，最终达成共识和行动方案，在应用过程中明确了在社区环境、组织活力、社区文化方面打造绿色宜居社区的愿景，并形成行动实施方案，实现了居民共治的全过程参与。

（1）共探乐观主题，开启发展之路

在开启4D循环阶段之前，为了更好地确定探询焦点，社会工作者首先要面临两个重要的决定：由谁来选择主题以及探讨什么主题。这决定了社区发展的方向，同时也是塑造组织和社区的过程。ML 社区的社会工作团队在进行社区探询时，通过访谈组建了由不同背景人员构成的主题团队，如社区党委、小区物业代表、党支部代表、居民领袖、社区组织代表等，以促使主题团队有影响力和资源去传递其所达成的共识。随后在选择乐观主题时，经过访谈和团队成员探讨，更多的人关注"目前社区有哪些环境问题及困扰"。此时，社会工作者引领其转向肯定的乐观主题，由于正向的主题更有助于激发人们学习和讨论相关领域的未来，整个过程中社会工作团队通过一对一访谈、焦点小组、茶话会议访谈等形式向不同人群和代表征集主题和故事，了解到人们关注的主题主要体现在三个方面："怎样减少环境破坏和交通拥堵""如何防止志愿队员流失""如何挖掘社区文化"。在探询中，人们习惯性地提出需要解决的问题，此时，社会工作者明确肯定式主题的重要意义，通过讨论，筛选确定了以下肯定式主题："让环境更加舒适优美"、"让志愿组织更有活力"和"打造更具特色的社区文化"。至此，社区欣赏式探询促动技术有了初步的方向，也为接下来开启探询行动奠定了基础。

（2）聚焦高峰时刻，发现动人故事

在访谈发现（Discovery）阶段，社会工作者通过一对一欣赏式访谈和核心小组访谈的方式，共与 200 余名居民进行互动，访谈对象有青年人、老年人，也有刚刚搬到社区的学生，还有物业及党支部成员，他们讲述着关于三个肯定式主题的故事。本阶段社会工作者从以下四个方面开展工作。一是寻找利益相关的访谈人物，如能作决策的社区领导者、可提供资源的物业及管理中心、组织实施的社会工作者和社区志愿组织以及居民领袖。二是编制结构式访谈指引，如"描述一个你曾经做过的对社区环境最有帮助有意义的经验和感受？你有哪些相关资源可以对社区有帮助？如果有三件事可以让社区环境舒适优美，会是哪三件事？"在提问中参与者发自内心地讲述了自己的体验和故事。三是与被访谈者建立良好舒适的关系，如通过定期跨职能、跨组织沟通与定向邀请的形式让相关方参与访谈和焦点小组，进一步寻找个人及组织的优势与资源。四是传播故事和最佳实践，如通过媒体报道、故事撰写推介、展览等形式，让更多的动人故事被看见和讨论。如 ML 社区通过撰写动人故事并在大型活动展示的形式，将 10 余个精彩的故事在社区中传播开来，达到了鼓舞人心的目的，尤其是"一位无私奉献、日夜坚守在防疫岗位的邻居""一支在老大姐带领下常年践行环保的志愿队伍""革命老战士的一生"等故事感动着每一个人，也形成了社区的正向核心，这些快乐的体验、感人的故事也在编织着社区共同的梦想。

（3）构筑美好梦想，共建美丽家园

在梦想构筑（Dream）阶段，社会工作者除了以焦点小组的形式邀请党支部、物业管理中心、志愿队伍等参与，还走访了社区领导、居民领袖、交通安全部门，倾听不同人群关于社区的未来畅想。在走访中，倾听到了"让更多的人看见、欣赏并热爱社区"的声音。在焦点小组中，社会工作团队引导参与者们通过世界咖啡的形式讨论社区美好的未来并描绘社区在整合各种资源和优势之后所能呈现出的动人景象。如在"让环境更加舒适优美"主题下，参与者们通过口号的形式呈现出了美好的画面——"我们一起共建美丽家园"，响亮的口号吸引了更多的社区居民加入社区环保志愿服务，持续的服务也让社区更加美丽宜居（如图 5-1 所示）。在"让志愿组织更有活力"主题中，参与者们通过描述与绘画的方式展示出了志愿精神的重要性，在先进典范志愿者的带动及社区的支持下，志愿活动内容越来越丰富，便民服务平台也更加多样，服务队伍持续壮大，邻里关系更加和谐，社区活力满满。在"打造更具特色的社区文化"主题讨论中，参与者通过讲故事的方式吐露心声：让绿色环保和健康休闲成为一种观念和文化，节日文化和习俗成为连接邻里的重要纽带。健康休闲、绿色环保、传统习俗成为社区文化的主旋律。每名成员都参与和聆听了参与者们的愿望和对未来美好的期盼，而这些美好愿景也一直指引着参与者们设计更清晰的行动策略。

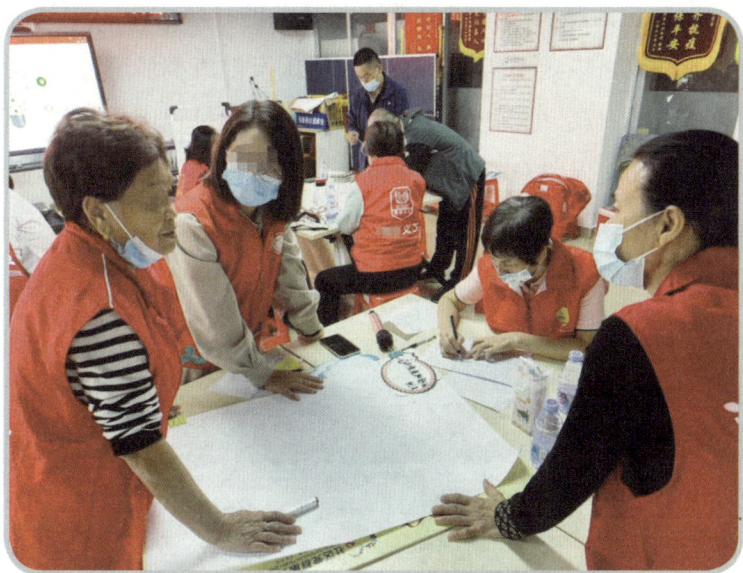

图 5-1　社会工作者带领参会者构筑美好梦想

（4）设计组织形态，走向未来发展

在设计组织（Design）阶段，社会工作者引导参与者们深入讨论怎样才能实现价值和梦想。主要围绕"谁参与、是什么、怎么做"三个方面展开讨论。在主题小组讨论中，各组成员先在小组内以头脑风暴的形式讨论出可行策略，并经过轮换补充、排列组合及提炼总结的方式形成行动计划，并明确执行主体。在参与探询中，参与者共同探讨出了哪些活动、元素及相关支持可以促成每项目标的达到。如在"让环境更加舒适优美"主题活动中，小组探讨达成共识，那就是社区的环保志愿队伍可以定期定点宣传劝导和巡查清洁，提升游客及居民文明意识，优化社区卫生环境；社区社会工作者及物业企业可以提供必需的政策及物资，协调和支持一些环保主题活动开展，普及文明环保知识（如图 5-2 所示）。在"让志愿组织更有活力"主题活动中，参与者认为，继续加大宣传和践行"无私奉献"精神力度，加强社区对组织的支持，社区组织定期开展团队建设和组织活动，发动社区居民领袖开展多样的低碳公益便民服务，不断完善组织激励机制，这些将更有助于不断激发组织的活力和促进组织队伍的壮大。在"打造更具特色的社区文化"主题讨论中，参与者们则建议可以定期组织开展徒步休闲及健康类的服务，也可以通过丰富多彩的节日活动营造节日文化氛围。在此过程中，一位革命先辈提出发掘社区历史及红色文化基地也是社区文化的重要部分。在组织设计过程中，大家在探讨与合作中离梦想的实现更近一步。

图 5-2　参会者展示行动方案

（5）行动实现命运，持续激发活力

实现命运（Destiny）是欣赏式探询促动技术 4D 循环的最后一个阶段，这不是一个结果，而是一个持续的过程，还是一种联动与合作。其蕴藏的巨大能量，持续推动着"梦想"和"设计"的自组织实施。在前期的广泛访谈后，党支部、社会工作者、物业和环保志愿队积极配合开展行动，其中党支部和社会工作者承担起了向相关职能部门沟通、反馈和协调的职责，如环境监测、交通路线优化等；物业则负责具体的设施改善，如垃圾桶的投放及清洁人员安排；环保志愿者们则承担起每周末的定期巡查劝导和清洁服务。在此过程中，环境提升计划参与者达到了1600 余人次，并在持续地进行着。关于"让志愿组织更有活力"的主题，更是从社区领导层到各自治队伍都展开了系列行动。如社区党委通过民意收集，整合民生微实事项目资源赋能专职团队开展各类服务，重点扶持志愿组织及社区自组织，不断打造服务品牌；各个自治队伍则充分发挥居民领袖影响力，定下每月新发展一名队员的目标，不断拓展新便民公益服务平台；各组织队伍也在月度、季度和年度的学习培训及团队建设中不断成长壮大。"打造更具特色的社区文化"主题更是引领着社区文化的方向，在郊野公园管理处、革命先辈及学生群体的合作中，形成了一条社区绿色休闲路线；本外地居民也通过传统节日文化活动更好地互动和融合。每年有不少于 3 万人参与社区的文化服务，拥抱自然、放松休闲，体验着社区特有的文化氛围。

3. 实践反思

在欣赏式探询促动技术实施过程中，越来越多的社区居民加入进来。在工作方式上，居民们不仅通过自下而上的形式参与社区协商治理，更是实现了自觉的跨部门合作。在社区发展内容方面，不仅从社区环境、社区组织发展及社区文化营造方面着手进行探讨和行动，更是形成了社区特有的自组织发展路径，推动着居民积极参与服务，并以服务促进社区协商治理水平的提升。欣赏式探询促动技术实施以来，社会工作者联动了不少于 10 个部门及群体参与行动计划，开展环境共护行动 200 余场，推动发展的 25 支社区自治队伍极大地丰富和便利着居民的生活，志愿组织队伍成员已达 1067 人。一支 10 余人的社区文化导赏队伍已见雏形，并逐步擦亮社区这张绿色休闲文化新名片。居民们从"议"到"决"到"行"，再到"果"，整个参与行动的过程以及享受成果的过程也将持续推动居民继续投入 4D 循环，不断谱写绿色 ML 新篇章，构建着社区协商治理新格局。整个探询项目取得了一定的成效，但也仍然面临一些诸如参与主体积极性不足、探询机制有待完善、自治队伍的持续力有待增强等挑战。

（1）参与各方的主动性有待提升

社区目前通过走访及焦点小组访谈了上百名居民及多方相关部门和

组织，但探询的深度及广度仍需扩大，各方参与的主动性仍显不足，在探询过程中，参与者的主动性仍比较依赖于社会工作者的调动，群体多样性也有待丰富。社区目前有3万余名常住居民，而参与探询的对象仅有党支部、物业、管理中心、志愿者骨干、居民领袖、辖区个别企业等群体，这对于促进全员参与有一定的局限性。因此接下来可以从以下几个方面尝试提升参与各方的主动性。首先，在访谈前对访谈者进行需求分析，了解各参与方的需求点及关注点，并在访谈时通过多方主体的邀请，如通过电话邀请、当面邀请或者发送邀请函的形式更好地激发参与动机。其次，加大宣传和推广力度，让参与者能够及时看到影响和成效，如可以通过不同形式的展示，以及参与者的传播，强化探询故事和执行成效，推动其更积极地加入访谈中和组织中。最后，家园意识的培育至关重要，在整个过程中要强化居民共护家园的意识和主人翁意识，并在此过程中充分调动其自身和周边的资源，不断与社区互动，进而提升其社区的参与感和责任感。人人参与才能人人尽责，参与的人越多，后续活动中的责任感就越强。也将持续激发居民参与活动并带来更多的正向改变，真正达到人人有责、人人尽责、人人享有。

（2）欣赏式探询工作机制有待完善

欣赏式探询作为一种促动技术，其理念和语言都根植于西方文化，技术流程及专业性较高，对社会工作者的素质要求也较高，目前核心团队成员主要由社会工作者及组织骨干组成，由社区党委指导，党支部、物业等部门共同参与。在沟通机制方面主要通过走访、焦点小组的形式，社会工作者会作为主要沟通桥梁。为了更好地运用技术和畅通联络机制，使探询工作更有系统和方法，社会工作者可以从以下三个方面进行探询机制完善。一是建立核心团队成员定期学习机制，持续学习欣赏式探询技术，将语言和技术本土化，及时总结经验和成效，不断实践和优化工作流程。二是完善各方沟通联络机制，建立社区党委、小区党支部、物业、辖区单位等相关部门的沟通联络平台，如民主协商、联席会议等联络平台，定期沟通反馈，及时沟通目标达到情况及探询成效，促进欣赏式探询治理共同体的建立。三是建立访谈发现机制，访谈作为欣赏式探询的重要环节，可结合社区重要节点和重要事项如调研走访、居民议事会、民生微实事项目意见征集会等开展，同时也可以与各党支部和物业小区形成联动支持网络，发动更多的居民和部门参与访谈，同时建立工作流程及指引，使探询工作有章可循。探询机制的建设是标准化输出的重要保障，而标准化的流程及指引又能更好地输出服务和提升基层社区协商治理整体工作能力，真正意义上推动和实现现代化治理。

（3）社区发展可持续性有待增强

在访谈及探询过程中，形成的故事和最佳实践作为最核心的优势不断推动着社区的发展，但这些都不是一次性的，而是贯穿始终甚至长期发挥影响的。目前的探询工作主要是在社区环境共护及社区组织和文化服务方面，对于促进社区发展方面仍存在不全面和后续动力不足的情况，因此，探询工作要想取得长效的发展力则需要不断地增强联动和培育具有发展意识的核心团队。具体可以从以下几方面加强。第一，增强各方联动，尤其是社区党委、党支部、物业和居民领袖，社区党委可以为社区提供有力的政策支持，而党支部和物业是联系党员和群众的重要桥梁，各社区组织骨干和居民领袖又是积极的参与者、传播者和实践者，能从不同角度推动和落实团队达成的共识。第二，增能核心团队成员，探询工作的核心团队成员在整个过程中充当着重要角色，因此，在建立核心团队过程中，首先要认可和鼓励核心团队成员的价值和重要角色，并通过发挥不同人员不同角色的作用和提升核心团队成员的探询能力，为探询工作持续开展提供稳定动力。第三，注重培育居民自治意识。居民作为推动社区发展的主体角色，在社区服务和社区协商治理过程中有不可替代的作用。因此，可以通过培育和引导不同类型的居民自治组织加入欣赏式探询工作，使其在社区的不同层面发挥居民治理作用，进而推动社区的可持续发展。

欣赏式探询促动技术在推动流动儿童参与社区协商治理中的应用

——以 L 社区儿童议事员培育项目为例

1. 案例背景

2021 年深圳市妇女儿童工作委员会发布的《深圳市儿童参与工作指引（试行）》文件中提出总目标："坚持儿童优先发展战略和儿童利益最大化原则，尊重儿童需求、维护儿童参与权利，通过培育儿童议事组织、畅通儿童意见表达渠道、组织儿童参与城市治理相关行动、开展儿童权利保障宣传教育等，将儿童视角纳入城市治理决策体系中，引导儿童参与工作的常态化、规范化、有序性开展，从诉求表达、参与决策、结果反馈、监督评价等全过程，提升儿童参与深圳公共事务和城市发展的科学性和有效性，从小培养儿童作为城市小主人的责任感，加强未成年人思想道德建设，树立牢固的社会主义核心价值观。"组建儿童议事会，培育儿童议事协商队伍，让儿童参与社区协商治理，有助于推进以上目标的实现，进一步促进儿童友好型社区的建设，构建社区协商治理新格局。

L 社区常住人口有 7 万人，儿童群体人口基数相对较大，约占总人口的 1/6，且 85% 为流动儿童。社会工作者在调研中发现，流动儿童社区认同感、归属感相对较低，在社区发展建设中虽作为重点人群备受关注，但在实际生活中却很少真正参与社区事务。因此，为促进儿童友好型城市建设，激发流动儿童主人翁意识，社会工作者在社区内筛选合适的流动儿童成立"儿童议事会"，并通过多次议事协商，选取儿童议事员们比较关注的热点问题进行深入探讨，引导儿童议事员设置议题，分析议题，共商应对策略，共同履行服务计划。在此过程中社会工作者不断挖掘儿童潜能，提升儿童的综合素质，培育儿童社区参与意识，引导儿童参与社区协商治理工作，填补社区治理的"最后一米"空白。

2. 应用过程

欣赏式探询促动技术秉承"精诚合作、共同发展"的理念，将人群组织或社区视为一个有机的生命体，通过系统地发现赋予并激活组织生命最大效率与能力的经济、生态和人性方面的优势，谋求个人、组织及其外部世界的美好未来。它有四个关键流程，称为"4D"循环。一是发现（Discovery）：发现我们过去和现在的成功因素。二是梦想（Dream）：形成愿景，在"发现优势"的基础上，当我们看到自己和团队的更多潜能，就有信心挑战更为高远的目标。三是设计（Design）：设计到达愿景的道路。搜寻我们的资源，进行组织设计、流程设计，保障我们可以充分发挥优势，实现全新的梦想。四是实现（Destiny）：执行设定的行动计划，在过程中不断增强组织的肯定能力，使大家具有充分的信心，持续进行组织发展和创新。

本项目以 L 社区党群服务中心为服务阵地，以社区儿童议事会为服务载体，以参与社区协商治理相关问题作为服务切入点，运用欣赏式探询促动技术，挖掘出儿童议事员的个人优势资源，建立社区资产清单，通过定期召开儿童议事会，建立健全儿童议事协商机制，正向激发其个人及队伍的发展潜力，鼓励其在各类社区协商治理相关议题中大胆创新，形成服务策略并有效实施。在不断探索儿童参与公共事务新模式的同时，项目进一步提升儿童议事员的大局意识、代表意识、创新意识，有效提升儿童参与公共事务与社区发展的科学性和有效性，进一步推动儿童友好型城市建设。

（1）建立组织，激发儿童议事员正向核心

社会工作者通过文献查阅、问卷、访谈等调研方式，对流动儿童社区参与度低、归属感弱等问题产生的原因进行了科学合理的调研，进一步详细了解了该群体对于社区参与、社区协商治理等工作的了解程度以及对社区归属感现状。社会工作者以调研结果及相关政策导向为依据，通过成立儿童议事会来促使更多流动儿童了解自己生活的社区环境，发现自己的内在资源与外在资源，在不断参与社区事务的过程中激发自我成长动力。社会工作者统筹实施"L社区小小代言人招募计划"，征集到100余名有意愿加入儿童议事会的个人简历，通过初筛、面试等环节，竞选出多名儿童议事员，并在现场投票推选出了会长、副会长和纪律委员（如图5-3所示）。

图5-3　儿童议事会议事员聘任仪式

议事成员年龄分布均匀，学历分布合理，分别由小学生、初中生、高中生三个阶段组成。社会工作者为小议事协商员举办聘任仪式，颁发聘书，详细阐述儿童议事协商会职责及参与规则。同时，在第一次儿童议事会上，社会工作者带领儿童议事员围绕"儿童议事员在社区协商治理中有哪些优势""儿童议事员在未来社区发展中的重要角色"等积极乐观的主题引导小议事员们思考，分别列举出10条组织正向发展的"可能"，激发儿童议事员正向核心，引导他们相信自己一定能够有所成长、有所收获，可以为儿童友好型社区建设贡献力量。

（2）发现优势，促使儿童议事员资源激活

欣赏式探询促动技术中的"探索发现"是举足轻重的必要环节，它通过动员系统内的所有利益相关方共同参与互动，使参与者或组织回顾过往成功经历，发现自身内部资源及外界有利资源，在"积极发现"中总结自身或组织的优势，增加对自我或组织的价值认可，获得主动发展的倾向。因此，在儿童议事协商队伍顺利组建后，社会工作者为小议事员们开展"欣赏式面谈""个人成长小组""我身边的资源"等活动，通过小议事员们互相访谈，提出积极正向的问题等方式，不断引导小议事员们更好地认识自己及他人，挖掘自身的优点和潜能，发现别人身上的闪光点，有效激活自己及组织的内在资源。活动中小议事员们发现自己具备不同"潜质"，大家开始对自己的能力表示认可，并且有信心能够参与社区议事及社区协商治理。随后，社会工作者带领儿童议事员们关注社区拥有的资源，通过"漫步社区""社区资源地图绘制"等活动的推动，小议事员们开始关注到社区相关部门、公共活动的空间和场地、社区内商企、组织等各类资源，他们经过详细的归纳总结，对社区有了进一步的了解，对社区资源也有了新的认识和发现。

通过激活儿童议事员们的内在资源和外在资源，将社区内人、文、地、产、景等各类可运用资源有效整合并形成社区资源手册，小议事员们已经积攒了足够的"能量"来发展儿童议事协商队伍，为后续议事会顺利开展并促进各类问题的有效解决奠定了基础。

（3）构筑梦想，助力儿童议事员形成愿景

儿童议事员们经过前期一系列服务激活内外资源后，社会工作者带领小议事员们来到欣赏式探询促动技术的"构筑梦想"环节，即组织全体儿童议事员从现状转向更有价值和更加美好的未来，通过拓宽他们的视野，激发他们的想象力，探讨并找到在整合了各种优势和资源后儿童议事会的发展愿景。为达到目标，社会工作者带领儿童议事员们开展"绘出梦想中的儿童议事会"活动，引导小议事员们发散思维、发挥想象，根据自己对儿童议事会的理解，画出它未来在自己心目中的样子。小议事员们纷纷描述出了自己梦想中的儿童议事会是怎样的，有的人把它画成一个里面有小朋友、有鲜花、有漂亮街道的社区；有的人则画成了一列长长的火车穿梭在城市中……他们用多彩颜色描绘了自己对未来的美好向往和追求。根据大家的绘画作品，社会工作者带领儿童议事员们进行分享，鼓励大家用语言描述出自己梦想中的儿童议事会："我想要的儿童议事会是像一个大家庭一样，我们所有儿童议事员团结在一起，共同解决社区里面不好的问题，大家不仅开心，还很有成就感。""我希望儿童议事会能够真的像社工姐姐说的那样，参与社区事务，让我们真的能够发声，改善生活环境，而且我们的队伍不断壮大，到后来所有的小朋友都加入进来，想想那时候多么厉害。"小议事员们畅所欲言地表达自己的想法，社会工作者一一记录下来，鼓励并支持大家通过努力来慢慢实现愿望。

"构筑梦想"环节让儿童议事员们基于自身优势，对议事会未来的发展进行了美好的憧憬，结合"资源激活"相关内容，共同为组织后续的发展奠定了坚实的基础，进一步调动和激发儿童参与社区公共事务的积极性和活力。

（4）组织设计，生成儿童议事员行动策略

"组织设计"是欣赏式探询促动技术的关键环节，它直接联结儿童议事会的正向能量与未来会发生的正向转变，直接决定了"梦想"能否实现，是促使梦想落地的基础架构。因此，社会工作者通过儿童议事会着重带领儿童议事员着眼于目前的状况及优势，找到儿童议事会行动方向，确保能够有效形成行动策略。第一次、第二次议事会主要是带领小议事员们展开议题收集，通过群策群力、头脑风暴等会议形式，共同探讨社区内与儿童息息相关的问题，经过所有小议事员商讨表决确定主要议题。例如，大家一致认为"校园欺凌""儿童交通安全""儿童文明引导"等问题是社区、家长及儿童青少年群体比较关注的热点问题，社会工作者在后续的议事引导过程中则围绕此类议题展开。确认好主要议题后，社会工作者带领小议事员们找出可以帮助实现梦想的"筹码"，即一起探讨哪些资源及优势有助于改善主要问题，让小议事员们清楚行动方向、确定行动要点及行动目标。第三次议事会主要内容是共同讨论行动策略，社会工作者通过世界咖啡式会谈法，以开放性主题带领小议事员们思考、探索具体服务内容，社会工作者在此过程中做好记录并总结归纳。第四次、第五次议事会主要是带领儿童议事员形成最终行动计划细节，即由全体儿童议事员对主要议题发起相关主题调研，每名议事员随机抽取校内同学为调研对象完成调研，议事会根据调研结果设计手抄报宣传、户外拓展宣传、相关内容学习分享、家—校—社联动服务等一系列具体服务，并由小议事员们组织实施。社会工作者根据五次议事会内容形成书面行动计划，儿童议事员们信心倍增开始期待计划实施，项目运行非常顺利。

（5）实现期望，鼓励儿童议事员持续发展

儿童议事员们对组织发展有了具体的行动策略后，项目进入欣赏式探询促动技术的最后一个环节"实现命运"，社会工作者开始带领议事会成员实施计划，并不断强化、肯定儿童议事员的自信与能力。社会工作者在每场活动开展前与儿童议事员共同讨论服务细节，包括活动流程、活动物资、活动分工等具体内容，且在服务开展前确定服务由哪名小议事员负责并作为总策划、哪些小议事员进行配合及现场执行等工作，帮助小议事员们在实践中积累经验，给予小议事员们足够的支持，采用正向强化的方式促使服务内容逐步完善、服务方式不断创新，鼓励儿童议事员不断优化和改善服务计划，形成组织内积极乐观的行事风格及正向、自信的发展步调（如图5-4所示）。

在计划实施一年后，儿童议事会发展已经颇具成效，儿童议事员在"预防校园欺凌""儿童交通安全"等各类议题上已经采取了一系列的行动措施，开展宣传、倡导、志愿活动等20余场次，服务内容多样化，服务效果明显，得到了社区各群体和组织的关注和点赞。同时，小议事员们进步明显，对于儿童议事会的作用及发展已经有了深刻的认知，形成了自己的思考，小议事员们纷纷表示："儿童议事会是代表儿童发声的平台，是儿童参与社区事务的基础方式之一，我们更应该站在广大社区儿童的角度以及社区未来发展的角度来思考问题，并且提出可行的解决方法及建议。"

图 5-4　社会工作者带领儿童议事员开展议事活动

3. 实践反思

儿童事儿童议，儿童友好社区是社区协商治理创新的重要抓手，良好的社区环境有助于儿童的健康成长。在开展此项目的过程中，社会工作者通过运用欣赏式探询促动技术，成功组建了一支由儿童议事员组成的儿童议事协商队伍，在此过程中不断激发儿童的潜能，提升儿童在自我成长、议事协商表达、活动策划等方面的综合能力，调动了儿童参与社区公共服务的积极性，打造了儿童参与社区协商治理的有效路径，为社区协商治理工作的推动奠定了基础。截至目前，开展儿童议事会 10 余次，儿童议事员开展主题服务 20 余场次，累计服务居民 5000 余人次，获得省级、市级等权威媒体报道 10 余次。虽然欣赏式探询促动技术在项目推动过程中发挥了重要作用，且成效显著，儿童议事员参与社区协商治理在一定程度上可以提高社区协商治理的民主化、透明化和多元化，但项目实际运行中社会工作者仍然发现存在一些问题和困难，具体如下。

（1）儿童议事员参与社区治理受到质疑

在项目实际运营中社会工作者发现，儿童议事员们在参与社区协商治理相关事务中很容易受到职能部门、学校、家长甚至朋辈群体等各方的质疑，负面声音很容易使儿童议事员感到不被理解和支持，不仅不利于他们的个人成长及能力发挥，对儿童议事队伍的正向发展也会产生很多不良影响。究其原因主要有两点：一是在一些传统观念中，儿童的意见和建议常常被认为是不重要的甚至是错误的，难以得到充分重视和采纳，往往被忽略或否定；二是儿童提出的意见和建议经常"天马行空"，很多时候难以实现，导致被误解。因此，在儿童议事会发展过程中，社会工作者可以通过以下几点来改善现状：第一，引导儿童议事员积极走访联动相关职能部门、学校、社区商企等各类组织群体，主动汇报儿童议事协商相关工作进程及动态，让更多的人理解并支持队伍发展；第二，加强儿童议事员与家庭、学校之间的互动学习，组织各类互动活动，鼓励儿童议事员分享自己的学习成果及个人成长；第三，引导儿童议事员基于现状去思考问题，提出的意见或建议要具有客观性、可行性，同时探索儿童议事会相应议事协商机制。通过以上三点不断加强儿童议事协商队伍建设，逐步扩大儿童议事会知名度，提升儿童议事会公信力。

（2）儿童议事员参与社区治理效率较低

项目运行长达两年时间，尽管儿童议事协商队伍在正向发展壮大并切实参与改善了一些社区问题，例如文明倡导、文化传播、预防校园欺凌等，然而儿童议事员因为学业、家庭等原因导致参与时间较少，实际行动率、参与度仍显不足，大大影响了议事会的决策效率和质量。对于此类问题，社会工作者在实际工作中需要通过以下几点来改善：一是社会工作者要及时与儿童议事员家长进行有效沟通，且频次不低于每季度一次，不断加强了解儿童议事员家庭动态，让家长理解儿童参与社区事务的重要性，鼓励家长参与儿童议事会重点议题，提出更多解决建议给予小议事员参考，进而从多角度提升问题解决效率。二是持续关注每名儿童议事员的个人状态，在议事会或实际服务中给予更多鼓励和支持，至少半年进行一次评优表彰，让小议事员们在参与过程中更加追求进步，逐渐获得成就感和荣誉感。三是不断促进与学校的有效联动，为儿童议事员提供在朋辈群体中展示自我的机会，以正向的姿态获得老师及同学的认可，使其更有动力参与社区议事。四是加强儿童议事队伍凝聚力，在议事会上尽量采取自由、向上、风趣的议事协商方式，鼓励小议事员大胆提出想法建议，不断促进个人成长，每半年进行一次团队建设，此举不仅能让小议事员们有参与感，更让其对议事队伍或社区有归属感。

（3）儿童议事员无法深入解决重点问题

社会工作者发现，儿童议事员在参与社区协商治理过程中存在非常严重的困扰就是问题解决极具表面化、单一化，这使整个队伍在发展的过程中无法更深入地融入社区协商治理体系。认真思考其原因，主要如下：首先，儿童议事员正处于"不稳定"阶段，其年龄分布为8~18岁，思维经常是多变的、不稳定的，这使他们后续行动经常无法统一；其次，儿童议事员的能力和知识水平有限，知识储备和社会经验不足，难以对社区协商治理中的复杂问题进行深入分析和提出有效的解决方案；最后，儿童议事员资源整合能力不足，对于资源的应用和理解仍显稚嫩，很多时候不能很好地利用各方资源来解决问题。虽然造成此类现象的客观事实本来如此，但从长远发展来看，儿童在成长过程中更多参与社区事务是利远远大于弊的，社会工作者可以通过一些方式来尽量改善这类问题，使儿童议事队伍能够在社区协商治理中不断发挥重要作用：一是针对儿童议事员的年龄特点，设计简单易懂、寓教于乐的培训课程，提高儿童议事员的知识和技能，不断促进儿童的成长。二是引导儿童议事员站在儿童青少年的视角提出对客观问题的看法、发现及感受，提供儿童视角的"线索"，便于问题的进一步解决。三是加强与社区职能部门的联动，争取让儿童议事员参与社区重要议事，锻炼其胆识，开阔其视野，加强他们对社区的了解和认识，使他们能够真正认识到问题的客观性、复杂性、多变性，能够理解问题并提出有效解决问题的建议。

案例1.3

欣赏式探询促动技术在促进儿童参与社区协商治理中的实践与反思

1. 案例背景

2018年，《深圳市建设儿童友好型城市战略规划（2018—2035年）》（以下简称《规划》）和《深圳市建设儿童友好型城市行动计划（2018—2020年）》发布，深圳成为首个将"儿童友好"融入顶层设计的城市。《规划》将"建立儿童参与的长效机制"作为三大策略体系之一，把儿童视角纳入城市建设的治理体系决策中。建设儿童友好型社区，是实现儿童友好型城市建设的核心着陆点，而社区社会工作者正是儿童友好型社区建设中的关键力量，扮演着赋权者、呼吁者和服务提供者等重要角色。

SH社区现有儿童1800余人，在前期的调研过程中，社区社会工作者发现儿童对参与社区事务表现出很强的意愿，儿童家长也表示很期待孩子成为社区的"小小主人翁"。以往儿童通常是被保护、被教育的一方，儿童的能力不被看见，儿童的视角常被忽视，儿童因为个人能力和社会治理参与途径有限等原因，使得他们大部分没有机会参与社区协商治理。基于此，SH社区的儿童及家长迫切希望打造一个儿童参与社区协商治理的平台，挖掘和提升儿童个人能力，为社区建设发声。同时，SH社区内新开放的坪山儿童公园是深圳第一个区级专类儿童公园，是一个"山水相依""寓教于乐""创意生境"的自然游乐公园，园内有坪山区首个共建花园——坪山儿童公园"大人别上来"共建花园，分为蔬菜水培区、种植区、稻田区、DIY手作区等区域。SH社区社会工作者依托坪山儿童公园共建花园平台，结合政策导向，社区儿童的需求和社区资源优势，以欣赏式探询促动技术为引导，使SH社区儿童借助此平台从儿童视角出发，发现社区需求，探索解决对策，提出行动方案，带动更多的辖区儿童参与社区协商治理。因此，SH社区开展"党群携手·SH童声同参与"

项目，鼓励儿童发出自己的声音，为儿童提供参与社区事务的机会，积极推进儿童友好型社区建设。

2. 应用过程

欣赏式探询促动技术是一种以话题为基础的会谈方法，即搜寻组织内及其他相关群体世界中的优势、最好、最美的一面，由此实现个人和群体、成员与组织的共同发展。在欣赏式探询促动技术实施过程中，参与人员通过充分的沟通和协调，形成统一的梦想和紧密的联系，会自觉地将社区资源和个人目标结合起来，为了心中共同的梦想去努力。社会工作者尝试将欣赏式探询促动技术应用于社区儿童服务，探索儿童群体内外在的各种资源，协助儿童提取过往成功经验中的自信心，以建设性的眼光来重新诠释生活的困境、失败或创伤。即肯定其优势、珍惜其价值、感知其潜力、彰显其成功；探索其发展、发现其趋势、询问其设想、研究其行动。同样重视生命的正向、积极的一面，强调积极肯定和鼓励儿童，但绝不是简单的"赏识"。欣赏式探询促动技术需要动员儿童参与，只有儿童尽可能多地参与，才能激发集体智慧，使儿童在身体、心理和精神上更加投入。

本案例以儿童"小园丁"队伍应用为例，社会工作者运用欣赏式探询促动技术，结合 SH 社区自身特色，以共建花园为平台，打造儿童友好空间，考虑儿童有效建议，挖掘儿童的内在潜能，激发其参与社区建设的积极性，让其成为儿童友好型社区建设中建言献策的重要力量，建设属于 SH 社区的特色儿童友好空间。

（1）选择乐观主题，明确服务方向

根据《规划》要求，SH 社区结合政策导向、社区儿童的需求和社区资源优势，在社区党委的领导下，以欣赏式探询促动技术为指导，通过倾听儿童的声音，赋予儿童主人翁的角色，搭建儿童自我管理队伍，引导社区儿童以社区党群服务中心友好服务和坪山区儿童公园儿童友好环境营造等为载体展开讨论并主导行动，儿童成为主导者及行动策划者，获得参与社区事务的机会，儿童的责任意识和参与能力得到提升，以此推进儿童"真正的参与"。

社会工作者采用定向邀请和对外招募两种方式成功组建儿童议事协商队伍。首先，社会工作者发掘过往服务中积极参与的儿童，并向他们发出邀请；其次，社会工作者采用对外招募的方式，筛选出一批热心参与的儿童，成功组建出一支社区儿童议事协商队伍，并召开儿童议事会。在儿童议事会上，社会工作者引导儿童选择一些乐观的主题，如"共建花园的美好未来""我们能做的事"来表达社区希望和儿童共同完成一些事情。此举决定了整个过程的方向，也决定了接下来各阶段的内容和任务。经过社区儿童首轮共同讨论，这些主题被写入欣赏式探询促动技术中的发现阶段访谈的问题清单，作为梦想阶段的种子和设计阶段描绘未来的舞台，以及实现阶段的行动纲领。社会工作者以看得见摸得着的场所、空间等场地为议题，儿童参与的难度相对较小，儿童更容易采用多种观察法了解身边的空间环境，发现成人难以看到的问题，并提出相应的建议。

（2）发现正向核心，发掘成功要素

发现环节是探索新知的环节，发现环节中所提出的问题就像一颗种子。提出一个能唤起团队积极情绪的问题，就给服务对象种下了一颗幸福的种子。社会工作者以积极乐观的话题引导服务对象对个人及社区的过去、现在的成功要素进行梳理，运用乐观正面的欣赏式面谈，集合集体的智慧描述某个事件成功的原因。通过这个过程，儿童能找回他们的赞美能力，感受到惊奇、振奋，欣赏社区和社区中的其他人身上蕴藏的优点。儿童既参与了问题的解决，又对社区未来成功充满信心，能进一步加强其未来对社区的全身心投入。

项目打造的SH"小园丁"志愿队是SH社区首支以青少年儿童为主体，以儿童公园屋顶共建花园治理为核心的服务队伍。在童声"话"友好之小园丁大规划活动中，社会工作者引导队伍成员提出"积极的问题"，引导成员围绕"你对这个'共建花园'有何贡献"这个问题共同讨论，发掘出"小园丁"拥有拍摄、绘画、养护植物等能在共建花园中展现的潜能。在"小园丁"遇到困难与问题时，社会工作者通过爱的交互式采访，请每名"小园丁"分享一个自己或者是自己和团队的故事，并讲述其中的闪光时刻，引导"小园丁"们通过采访的趣味方式，互相发现他人的优势并鼓励对方，这个方式使原本相互不太熟悉的成员在彼此欣赏中逐渐熟络起来，使队伍成员在回顾自身过往的成功经历之时，发现自身的优势，更积极地参与，并给予其他成员信心，为同伴的成长赋能。

（3）围绕现有要素，描绘未来愿景

项目在"发现优势"的基础上，看到社区和团队的更多潜能，共同畅想想要的未来，并参与其中。社会工作者需要将已经发现的潜能和更高的目标结合起来，使参加者的目光从过去、现在转向未来。此时在引导参与者探讨各种优势整合后会出现的动人景象，与参与者共同分享希望和期盼未来的过程中，仔细聆听组织生命中的美好时刻，参与者的参与度在不知不觉中上升到一个新高度，探询梦想，让后续的研讨以结果为导向，方向更明确。

社会工作者围绕"想象一下10年后的共建花园"这个主题，引导"小园丁"畅想"假如我们有了穿梭时空的魔法，来到了明年的今天，你会看到或听到这个花园的哪些新的、积极的改变？""小园丁"的目光从现在转向未来，以绘画、故事等方式使"小园丁"和共建花园进行连接，"小园丁"展现他们的希望和共同期盼的未来，有些"小园丁"想象未来自己会是这个花园的"园长"，带领新的"小园丁"继续开展活动；而有些"小园丁"则用绘画的方式展现自己对未来共建花园的美好想象。随着"小园丁"对未来的描述越来越清晰，它也将产生更大的积极作用，这一举措不仅激发了"小园丁"的创造力，更提升了"小园丁"的自信心，同时也增强了"小园丁"对社区的归属感（如图5-5所示）。

图 5-5 "小园丁"积极畅想屋顶共建花园的未来

（4）厘清现有条件，构建理想组织

回归现实，设计参与社区协商治理的路径。欣赏式探询促动技术可以建立起一种积极乐观的氛围和文化，培育成员之间的有效合作，使成员之间产生高度的信任感和有效的沟通。在这种高度信任与合作的文化中会形成积极的组织参与氛围，从而提高参与者的参与度。在设计环节，和其他愿景或规划方法的不同之处，在于其对未来的想象根植于组织过去正面的经历之上，可以通过好的消息、故事来构想可能的状况，以便在团队成员共同期望的美好未来与过去的巅峰状态之间搭起一座桥梁。经过广泛沟通并达成清晰且富有吸引力的愿景后，参与人员就需要明确实现愿景所需的条件和基础，提出合理化的建议，构建理想组织，使每名成员可以全身心地投入并释放出自己的潜能。

为了实现愿景，在童声"话"友好之"小园丁"大规划活动中，社会工作者引导"小园丁"们讨论并设计出相应的未来行动方案，包括行动的事件和要完成的方案。例如，针对儿童公园共建花园的水培蔬菜区，"小园丁"们讨论出未来的可持续计划，循环定期采摘水培蔬菜，送给社区的独居或高龄长者和困难家庭；针对植物区，"小园丁"们计划认领养护植物，并制作与植物相关的书签，形成一支自助自治的植物养护队伍，自此一派共建、共治、友爱、互助的社区景象展现在眼前。

（5）强化积极特征，落实行动计划

引导服务对象思考"我"可以为社区做些什么，形成"我要做"。欣赏式探询促动技术鼓励服务对象探询组织积极的变革核心，进而加以整合，如此，不仅可以使服务对象集中于美好事物而避开令人焦虑和沮丧的事物，还有利于激发团队智慧，制订行动计划，没有任何指派安排，完全是自己的所思所想，给个人、团队以自由思考、想象的空间，最大限度地调动组织成员的积极性。

"小园丁"在对共建花园进行目标和行动计划设计后，每名成员都明确了要实现的美好愿景和各自的职责，"小园丁"按照事先制订的规划，在社会工作者的带领和引导下按部就班地开始行动。在童声"话"环保之送爱上门活动中，"小园丁"设定的送蔬菜计划按照20天一成熟的循环计划，到蔬菜成熟时，"小园丁"们采摘水培蔬菜，并分成两组在成人志愿者的陪同下给社区的独居或高龄长者和困难家庭送上门，以此表达儿童真挚的祝福，以儿童之力反哺社区。在送菜的过程中，"小园丁"们发挥了自己的特长优势，有的擅长聊天，纾解独居老人寂寞，有的擅长绘画，为独居老人送上祝福。在多次送菜上门的过程中，"小园丁"们不仅提升了荣誉感、自信心、责任感以及对社区的归属感，也充分发挥了"小手拉大手"的连带作用，带动社区居民共建共治共参与（如图5-6所示）。

3. 实践反思

经过近两年的探索实践，SH 社区运用欣赏式探询促动技术打造了 SH 小园丁儿童特色队伍，从初期成立"小园丁"志愿队到后期"小园丁"反哺社区的过程中，也为社区带来了改变。一是在儿童自身改变方面，社区儿童从单纯的观望者转变为活动参与者，最终转变为活动的策划者甚至执行者，项目提升了"小园丁"们的积极性和主动性，使

图 5-6 "小园丁"送蔬菜给社区困难居民

其更进一步认识到参与社区公共事务对个人成长的重要性，并愿意持续
参与社区公共事务。二是在带动社区家长方面，"小园丁"们作为自己
家园最积极的支持者、维护者，主动担任社区宣传员，儿童参与带动家
长的参与，让更多家长参与社区事务，充分发挥"小手拉大手"的连
带作用。三是在反哺社区方面，"小园丁"志愿队形成了 12 人的队伍，
带动了 7 名家长，开展了 3 场慰问活动，关爱了 13 户家庭。"小园丁"
们在力所能及的范围内发挥特长，贡献儿童之力，营造了一个充满温暖
和关爱的社区氛围，也提升了社区居民对社区的归属感。在这一过程
中，虽取得了不错的成效，但也存在一些问题，需要继续在实践中
摸索。

（1）社区儿童参与社区协商治理的支持网络有待增强

欣赏式探询促动技术在项目中的应用仍处于探索阶段，在本项目的
服务过程中，社会工作者发现一些与社区儿童相关的单位对儿童参与社
区议事会并不了解，对项目的支持度和参与度不高；一些儿童家长仍停

留在"重家庭、轻社会"的传统家庭本位思想，不赞同儿童参与社区事务，也不相信儿童具有参与社区服务的能力；一些儿童自身学习压力大、课余时间少，无法协调时间高质量参与，项目一度面临成员积极性不高、持续参与度不足的困境。

针对上述困境，社会工作者也思考了以下增强支持网络的办法：一是发挥社区党委的领导作用，有效联结多方协同参与，邀请各利益相关方观摩儿童开展社区议事会的过程，发现儿童的不同视角，以此获得社区党委等相关方对项目更多的支持，使儿童参与社区协商治理形成有效闭环，促进社区服务和儿童空间的持续改善；二是"用事实说话"，形成儿童参与社区事务的阶段性成果，进行公开表彰宣传，向儿童家长、各相关单位展示，打破家长认为儿童没有能力参与社区协商治理的固有思维，将社区家长拉到支持的队伍中；三是完善相关运营制度，如准入退出的标准和便捷高效的议事协商流程等，为项目的自我持续性提供稳定的管理支持。同时不断引入新鲜血液，提升儿童自发的参与意识和持续的参与动力，促进儿童长效参与"儿童议事会"和儿童友好社区建设。

（2）社区儿童参与社区协商治理的差异需求亟须甄别

在近两年的实践过程中，本项目主要以社区内8~15岁的儿童为服务对象，其中又以8~10岁的儿童居多。8~15岁的区间跨度较大，儿童在生理特征和兴趣爱好等方面存在较大差异。其中，10~15岁的儿童在语言表达、逻辑思维、行动能力等方面更具有效性。而本项目实际参加者以低年龄段儿童为主，高年龄段儿童参与较少，项目实际提供的服务在契合和吸引高年龄段儿童方面的内容较少，项目对儿童不同年龄阶段的差异性需求考虑不足。

在接下来的工作中，首先，项目需要甄别不同年龄阶段儿童的需求，根据不同年龄层的儿童认知特点，在活动形式上探索出有区别的社区协商治理活动形式，助力于分年龄化设计和建设儿童友好型社区。其次，项目需要继续丰富"儿童议事会"的活动内容，针对不同年龄阶段的儿童设计相契合的主题，丰富活动载体，并发挥社区党委、社会工作者、社区志愿者等支持网络的作用，形成"一人带一年龄段"的针对性服务特色，充分发掘该阶段儿童的潜能。最后，项目持续打造儿童特色队伍，在活动设计时了解服务对象的特点，针对不同年龄阶段的儿童，评估现有环节是否适合或者能否完成，发挥不同年龄段儿童的优势，互相赋能，贡献儿童力量，提供服务反哺社区。

（3）社区儿童参与社区协商治理的个体能力仍需发掘

欣赏式探询促动技术在儿童社区参与和议事协商服务中是一种新的探索和尝试，项目服务过程中，各技术流程在实际运用和把控程度过程中仍存在一些问题。如在活动过程中部分参与的儿童由于年龄较小，理解能力偏低，对技术流程未能实际运用到位，无法很好地理解欣赏式探询促动技术的含义或不了解 4D 技术，导致 4D 技术在活动中无法全部有效运用，儿童参加社区协商治理的能力与活动效果都未能达到预期，儿童参与社区协商治理的个体潜力仍需发掘。

社会工作者在后续服务中需时刻谨记不同个体的潜能发挥出来的时机不一致，应在服务过程中针对个体差异优化服务。一是将技术的专业名词转化为儿童更容易理解的语言，优化流程，使儿童能够学习并提升参与社区协商治理的能力；二是发挥欣赏式探询促动技术优势，引导社区儿童关注哪里做得好、发挥优势、增加正面变化，与社区儿童的实际情况和需求相结合，发挥此技术的作用；三是社会工作者通过深入运用欣赏式探询促动技术相关的理论和引导能力，帮助社区儿童增能赋权，提升儿童的个人能力，引导儿童更客观、全面地评价自我和他人，形成积极正向的自我与组织文化，也通过社区协商治理搭建的平台提高儿童的责任意识和各方面综合素质。

二 开放空间促动技术在社区协商治理实践中的应用案例研究

案例2.1

开放空间促动技术在社区青年参与社区治理中的应用
——以 LYB 社区青春 CEO 俱乐部项目为例

1. 案例背景

中国共产主义青年团的十九大报告指出，社区是青年服务社会、发展个性的重要领域，是共青团参与社会治理的重要空间，也是当前共青团工作的突出短板（阿东，2023）。2021 年 4 月，共青团中央启动社区青春行动，广泛动员青年志愿者深入基层一线，着力打造青年参与社区协商治理"四位一体"（人员、项目、阵地、资源）工作模式，努力成为协助党和政府加强和创新社会治理的重要力量。2023 年，共青团深圳市委员会印发《关于推进城市社区团组织改革打造共青团参与基层治理新路径的工作指引》，明确提出了城市社区是居民生活和基层治理的基础单元，是青年参与公共事务，提供公益服务，实现自我价值的重要领域，让青年群体成为社区社会治理的重要抓手与关键力量。

LYB 社区总人口约 7 万人，属于以非深户外地常住居民为主的城市化社区，辖区有花园小区 4 个，学校 4 所，大型企业园区 2 个，社区居民环境以及治安环境较好，基础设施完善，居民日常生活需求有保障。目前辖区内的青年群体约 3 万人，服务群体庞大，提升该群体的社区归属感，将有利于扩展社区参与的人群规模，增强社区协商治理的深度与广度。当下，社区青年群体普遍存在社区归属感不强、社区参与严重不足的问题。出现这些问题的原因主要在于以下两个方面：一是社区青年参与意愿不强。社区青年普遍认为社区参与跟当前生活、工作忙碌的状态不匹配，自身日常生活中的事情都疲于应付，很难有时间和精力去参与社区活动和社区事务。二是普通的参与方式很难吸引青年群体的参与，社区活动难以契合青年居民所需，缺乏有价值的内容，青年参与成就感无法体现。因此，要想解决社区青年参与严重不足的问题，需要围绕青年群体特征选择合适的参与方式，以参与成就感提升参与意愿，以青年影响青年的形式，树立典型，推动更广泛的青年群体参与。LYB 社区依托于辖区的街道、社区以及企业团体等工青妇群团组织青年服务资源，综合运用契合青年群体特点的开放空间促动技术，从青年发展的角度动员社区青年群体的广泛参与，深入地营造有社区特色和风格的社会参与文化，使社会参与文化和精神培育既有主导方向，又不失活泼生动。

2. 应用过程

每个社区青年都具有自治潜能，要激发青年主体性，关键是要赋予青年表达权、决定权和行动权，实现自我增能。针对青年自治的内部"缺意愿、缺方法、缺动力、缺主体和缺持续"的问题，需要活化内部的诸要素，采取自主行动的策略自我增能（罗伦圣，2018）。社会工作者引入开放空间促动技术，在一定的会议主题方向的指引下，引导团队做好相关的准备工作后，召集参与人员以饱满的热情与激情，在开放空间下表达自己关心的问题或需求，遵循"出席的人都是适当的""不管发生什么都是当时只能发生的事""不管何时开始都是最适当的时间""结束的时候就结束了"等 4 项规则以及"双脚法则"，按照开圆—发起主题—走动讨论—会谈整合—制订计划—闭圆—行动等循环往复式参与讨论，致力寻求利益想法一致的人组成小组进行讨论，在走动讨论下探讨共同的议题，并制订出小组行动方案，链接在地资源增强开放空间行动的持续性，让青年在各个环节中享受技术赋予决定权和行动权所带来的快乐，逐渐提升自我价值感和自信心，促进青年主体性在内部自主行动的过程中慢慢生成。

（1）寻找意向社群，做好青年参与准备

在正式开始之前，社会工作者通过走访访谈、组织推荐、青年骨干定向邀请等形式，寻找到 28 名青年骨干、积极分子以及对青年服务方向有主动意愿的青年，对这些有意愿的青年发出正式的邀请，告知会议时间、地点以及相关要求等，确保来的人都是合适的人，都是一群关心此事的人，是具有热情与激情的人。随后，社会工作者与团队成员一同梳理了参与议事协商过程中需要的物资以及表格材料，提前做好准备，确定了一个能够容纳所有参与者围成若干个同心圆的会议室，进行了场地布置。会议开始后，社会工作者邀请参与人员围坐在一个圆圈里面，彼此都可以相互看到。为了让参与人员更快进入议事协商讨论氛围之中，社会工作者在正式开圆之后，向所有参与人员介绍了活动主题、目的以及需要的时长，重点讲解了开放空间促动技术的历史、规则、法则，描述了相关议事协商流程安排，告知开放空间促动技术在青年议事协商之中的优势，鼓励参与青年按照自己的意愿参与每个环节。同时，社会工作者还组织参与人员就确定青年服务主题议事协商进行了开放空间议事协商模拟，从开圆—发起议题—走动讨论—会谈整合—制订计划—闭圆的全部流程，向参与人员示范开放空间促动技术的运用，在模拟学习之中进一步相互熟悉，沉浸式了解开放空间促动技术的使用要求以及流程安排，并现场确定了后续的议事协商主题为"青年在社区协商治理中能够做什么"。

（2）发起相关议题，找到青年参与方法

社会工作者首先围绕青年自己发起的关于"青年在社区协商治理中能够做什么"主题方向，邀请到了20名社群人员正式参与开放空间讨论之中，严格遵循四项规则（"出席的人都是适当的""不管何时开始都是最适当的时间""不管发生什么，都是当时只能发生的事""结束的时候就结束了"）以及一项法则（双脚法则）的要求，参与人员都可以发起与方向相关的服务、管理等主题建议，将建议书写在各自所领取的A4纸上。收集齐参与人员的建议之后，社会工作者以特定颜色（具有特定寓意）的卡片表达需求、期待与意愿并计数分组，按照"相同的纵向贴、不同的横向贴"，对相关意见进行分组汇总，再依据中位数算法（过半数赋分）对不同事项的重要程度进行打分，同时邀请发起人对发起主题进行背景说明，详细讲述议题的背景、现状、目标、差距以及成功标准等，对问题和可能引发的后果进行分类、排序，由此分清问题及议题的主次，并梳理了 20 个人提出的 30 多个不同内容的主题，归纳、合并及排序之后，最终确定了"青年志愿服务""青年亲子活动""青年潮玩行动"三个方向的建议议题，与会青年们一起制作相关主题海报，形象展示议题的简单内容、议题建议人以及未来目标，并现场确定了三个不同方向议题的主要发起人（如图 5-7 所示）。

图 5-7　社会工作者带领青年 CEO 探讨议事协商主题

（3）提出建议对策，提高青年参与动力

社会工作者组织所有的参与人员围绕"青年志愿服务""青年亲子活动""青年潮玩行动"三个议题，走动式开展议题讨论对话。社会工作者首先简单介绍上次活动的相关成果以及本次活动流程安排、工作内容。随后社会工作者积极动员除了议题主要发起人的其他参与人员走动式讨论，遵循双脚法则，对三个议题中自己感兴趣的内容提出自己的想法以及建议。参与人员既可以围绕一个议题进行深入的分析讨论，又可以随时走动对三个不同的议题提出不同的建议，甚至还可以先观察再讨论。议题主要发起人则作为议题主人，以"招商引资"的形式，吸引其他人围观并参与自己所负责的议题内容讨论，以开放式提问的形式，深入了解参与人员的想法，确定收集到每个对议题感兴趣的人员的所有行动想法，在圆圈后的背景板上进行展示。最后所有参与人员通过每人三票选择权的形式，分别对各个行动进行投票，挑选出"性价比"最高的四个行动策略进行整理汇报。最终所有参与人员经过一轮走动式讨论，依据个人兴趣、才能、意愿等因素，确定青年能够做的工作为开展狼人杀游戏、羽毛球运动、自主创业支持、绘画、能人培育、亲子运动会等主题行动12场。同时确定了12名社区青年作为每场活动的主要发起人，其他成员则作为活动协助者参与自己感兴趣且自我提出的活动，成立青年自愿参与的服务队伍，激发青年参与动力。

（4）确定行动计划，培养青年参与主体

社会工作者首先针对参与人员开展了行动计划制订主题引导培训，告知行动计划制订的基本内容以及相关技巧。随后引导参与人员依据行动计划表格的要求，走动讨论，按照主要发起人"招商引资"，其他参与人员走动讨论的形式，组织参与人员对自己感兴趣的行动提出自己的建议以及行动安排，针对青年关注的活动时间、活动步骤、活动所需资源等问题展开对话讨论，依据讨论结果初步确定行动计划，将原先工作人员确定的活动安排转变为参与青年自己确定，深入讨论行动计划，最终形成12份具有指导意义的活动行动计划安排，并组建了以主要发起人为核心的12支2~4人的服务行动团队，以团队的形式积极开展了狼人杀游戏、羽毛球运动、亲子运动会、绘画等主题公益服务，将青年参与对象融入服务队伍，以青年服务青年，以议事协商调动青年参与动力，将议事协商队伍转化为服务队伍，增强青年服务的主体责任感，培养青年社区主人翁意识。在具体的行动计划制订过程之中，社会工作者将"社区是居民的"理念嵌入，积极发挥青年社群服务优势，将原先工作人员确定的活动安排转变为参与青年自己确定，把关于社区事务的表达权、决定权和行动权赋予参与者，推动青年在策划与组织活动的过程中，慢慢掌握社区协商治理技术、累积组织经验，自我策划并解决活动组织过程中的问题，自我找寻"我心目中的榜样"，从而不断深入培养青年参与主体力量。

（5）深化服务成效，推动青年持续参与

LYB 社区聚焦社区青年参与意愿，围绕社区青年服务难题，积极联合辖区的多方公益资源，实施了 10 多场次的青年社区公益服务项目。青年志愿服务项目，挖掘到 5 名社区青年能人，发挥青年特长，化身墙绘师，指导青少年学习墙绘技巧，装饰社区环境；化身智能手机小老师，教导老年人手机使用技巧，帮助社区老人享受到科技的便利性（如图5-8所示）。青年亲子活动共开展了 3 场次，邀请亲子家庭参与敬老爱老等实践行动，让服务串起亲子家庭与社区老年群体的连接，助力社区老年群体与亲子家庭的双向陪伴。4 场次的青年潮玩行动搭起了青年群体的一个个兴趣社团，用青年的视野服务青年，吸引近百名青年持续参与社区服务，极大地拉近了青年与社区之间的关系。

图 5-8　社区青年 CEO 带领小朋友开展墙绘活动

社会工作者在服务的执行过程中，积极讲述青年在服务之中的作用，宣传青年社群服务价值，让更多的人知晓青年参与社区协商治理服务的工作，打造了 5 个青年服务典型，线上线下重点推介宣传，发挥优秀青年典型"点亮一盏灯、照亮一大片"的示范引领作用。同时，社区还开展了 2 场青年参与社区协商治理主题学习会、优秀青年个人宣讲会等活动，讲好青年榜样的青春故事，用身边人、身边事教育人、感化人、引领人，培养更多的青年志愿者，为下一次开放空间开圆培养更多的意向社群，推动青年参与工作的常态化、持续性开展，让社区成为青年参与发展与成长的一片沃土。

3. 实践反思

社会工作者运用开放空间促动技术推动 LYB 社区的青年参与社区协商治理工作开展，立足青年自身发展的需求以及服务特点，成立社区公益组织以及趣味性社团，青年既参加服务又提供服务，以开放议事协商为出发点，立足青年服务参与，加强对辖区人力资源、物资资源、社会资源的整合利用，自建服务行动团队，以团队化的形式实现青年影响青年，从而打破青年与社区的隔阂，大大提高了社区内部的幸福指数，推动社区"助人自助"的服务理念深入人心，带动了一批又一批社区青年的参与，实现了"拉近"社区青年、"推近"社区关系的巨大成效。这并不是一个"孤例"，而是代表了基层社区协商治理未来的发展方向。大力推动平常不参与社区事务的群体参与社区工作，以专业化技术引导其参与公益活动，参与志愿活动，搭建服务队伍，培育和发展社区社会团体，在孵化社团项目的过程中，激发居民的主体性，增强组织的内生动力与能力，引导居民自己组织起来解决社区公共问题。在服务过程中，社会工作者也发现了几个方面的问题，比如青年参与很难持续化、青年的主体参与意识培养难、技术运用不够熟练等，这需要社会工作者对技术运用进行深刻反思并及时改进，从而以更优质的服务和更高效的社区协商治理方法推动社区发展。

（1）青年参与需要构建常态激励机制

现代个体高度关注个人利益，每个人都努力使自我利益最大化。青年群体如何强化自我与社区公益的关联度，如何自我激励参与社区公益的能动性，这是青年参与持续化、主体性自我觉醒的难题（罗伦圣，2018）。青年参与不是不求回报，而是"我志愿服务他人，也希望他人为我服务"，公益是"我为人人、人人为我"。要想推动青年持续化参与社区协商治理，社会工作者就需要构建一个常态的激励机制，以激励措施提升青年参与动力以及持久力。社区工作者可以积极组织相关青年社群开展激励主题讨论，继续以走动讨论的形式，让青年能够自由表达自己的想法以及观念，最终确定社区青年积分管理激励机制。具体积分激励机制制定的相关讨论流程如下：首先，参与青年以该如何制定公益积分为主题方向，走动讨论提出各自的想法与建议。其次，按照讨论人员提出的不同议题深入讨论，确定积分兑换机制的具体工作要求，如讨论"根据个人的情况，我可以做哪些公益?"确定探讨公益服务清单；讨论"我可以获得多少积分?"制定公益积分清单；讨论"我希望兑换哪些服务或物品，用多少积分兑换?"制定公益兑换清单。最终通过服务、资源和时间之间互换等多样化的方式，实现服务需求和服务意愿的兑换，构成了一个邻里互助、邻里守望的青年志愿行动网络。

（2）社区治理需要培养青年主体意识

社会工作者运用开放空间促动技术推动青年群体参与社区议事协商，拓展了治理群体的深度与广度，也给社区协商治理带来了发展与活力。开放空间促动技术将引领人的角色以及功能不断弱化，更加依赖参与人员的自觉性以及主体意识，相信"出席的人都是适当的"，但是当下大多数青年对于社区协商治理的自觉性及主体意识不强，从而导致经常出现讨论滞后或者停滞的情况。在此过程中，社会工作者一定要激发参与青年的主体性，不断增强他们参与、互助与自治的能力，不要让青年成为青年自治的旁观者、社区公益的看客，而要让青年认识到自己在自我问题以及社区问题的解决中是一个重要主体。青年主体性的生成是青年自主行动的过程，在参与的各个环节中掌握社区协商治理的技术，提升自身的效能感与信心，慢慢享有行使表达权、决定权和行动权的快乐。在前期阶段，社会工作者引导青年表达需求、意愿，在交流、对话中协商、反思，在这一阶段，青年主体意识慢慢萌芽。随后，社会工作者进一步予以技术赋权，引导青年自行制订行动计划和激励机制，以此形成一种规范，青年主体意识加速生成。在最后阶段，青年可以逐步自选领袖成立社团，依据自己的需求策划活动，外部介入力量逐步退出，居民主体意识最终生成。

（3）开放空间需要完善促动技术体系

开放空间促动技术坚持伙伴、参与、分享和责任的理念，包含了一整套的工作流程环节，每一流程环节的逻辑紧密相连，但是具体到每个环节该怎么去引导推动的技术服务较缺乏，如开圆部分该如何去寻找分辨意愿社群，闭圆之后该如何进入下一次开圆，等等。从而导致开放空间促动技术在具体实操方面很难把握，影响其成效的发挥。针对此情况，社会工作者可以通过两个方面进行解决。一方面，对参与者分层分级管理。针对社区整体服务群体，可以结合主题培训以及其他促动技术培养参与对象的参与意识以及参与能力，依据参与情况表现高低分成不同的参与等级，提前做好参与对象的统筹管理，定向邀请高意愿、高能力的人员参与开放空间议事协商活动，为其提供自由的议事协商平台，从而更好地发挥自身的能力。另一方面，优化促动技术的工具。社会工作者可以根据社区实际情况针对不同环节的流程设计相对应的工具表格，制定一份精简且专业的工具套表。同时，社会工作者提前准备好相关服务的指导以及知识讲解，给予一定的借鉴，让其能够更快熟悉自己的角色。通过精准的服务人群、精简的促动技术工具将利于社会工作者运用开放空间促动技术，精准开展社区协商治理工作，有效提升社区协商治理效率与质量。

案例2.2 ••

开放空间促动技术在社区网格化治理中的应用
——以 ZX 社区"左邻右舍创家园"街区自治项目为例

1. 案例背景

2021 年《中共中央　国务院关于加强基层治理体系和治理能力现代化建设的意见》提到，"完善社会力量参与基层治理激励政策，创新社区与社会组织、社会工作者、社区志愿者、社会慈善资源的联动机制，支持建立乡镇（街道）购买社会工作服务机制和设立社区基金会等协作载体，吸纳社会力量参加基层应急救援。完善基层志愿服务制度，大力开展邻里互助服务和互动交流活动，更好满足群众需求"。2022 年 10 月底，龙华区推行街区治理定格化管理服务，将社区精细划分为片区格、网格、楼栋格，推动街道社区各条线、各类力量组织动员起来，整合党员干部、党员志愿者、社会工作者、社会组织等力量入格，将资源和管理下沉到格里，精准化解决基层治理大小事。由此可见，中共中央、国务院和地方政府都高度重视畅通和规范社会力量参与基层治理。

ZX 社区 A 小区是一个统建楼老旧小区，于 2011 年建成，建有 8 栋高层住宅，小区户数为 659 户，常住居民约 2000 人，目前没有成立小区业主委员会、党支部、老年协会、志愿服务队等社区组织，内部动力和居民凝聚力不强，居民反映强烈的问题和需求主要有四个：一是电动单车治理问题，电动单车停放混乱、堵塞消防通道现象时有发生；二是高空抛物问题，发生过多起高楼层居民抛弃垃圾导致汽车被砸等情况；三是社区环境卫生问题，小区中存在多处卫生死角，大件垃圾随意堆放；四是社区公共空间问题，小区中公共空间缺乏，没有公共配套用房，仅有一个简陋的凉亭作为公共活动空间。由此可见，小区广大居民普遍对综合环境提升、整治安全隐患、改善公共服务等方面有着极大需求。为了解决以上社区协商治理难题，ZX 社区根据需求打造了"左邻右舍创家园"街区自治项目，社会工作者深度参与项目服务，引入开放空间促动技术，通过激发多元力量参与，推动居民参与小区治理，促进社会服务与基层治理的有效融合，提升居民的幸福感和获得感。

2. 应用过程

开放空间促动技术是一种富有成效的动态会议模式，它能够将一个重要的主题在很少的规则辅助下，通过新的空间和时间程序，由参会者将问题讨论完毕。每名参与者围成圆圈而坐，在圆圈里，没有等级高低之隔，没有疏近距离之分，参与者能够看到彼此；参与者自发形成对话议题和议程，找到感兴趣的话题时，讨论小组就形成，议题就此得以探讨、延展、解决，即为开放空间。针对小区电动单车乱停放、高空抛物、环境脏乱差、公共服务缺乏等问题，社会工作者应用开放空间促动技术，按照开圆—发起议题—走动讨论—会谈整合—制订计划—闭圆的参与流程，调动小区居民和物业共同参与，以问题为导向，营造轻松氛围，为小区发展建言献策。

（1）组建议事团队，唤醒家园意识

项目针对 A 小区内部治理问题，以研讨小区存在的问题、组建治理团队、共商解决之道为目标，社会工作者招募了有意愿参与的小区居民、物业人员等20人围成圆圈而坐。遵循开放空间流程，社会工作者的首要任务是开圆，以"水果派"游戏开展破冰，打破沉默、活跃气氛；随后介绍项目背景、期望目标、内容环节；重点强调开放空间促动技术"4项规则""双脚法则""2种角色"等概念，营造平等、开放、自由氛围，完成开圆预定目标。

按照"来的都是对的人"原则，面对业主和物业两个不同群体，社会工作者强调，只要对小区治理有建议提供、有意愿参与都要热烈欢迎和接纳。在自由发言环节，有业主提出了小区存在的问题，引起在场人员的共鸣，部分业主文化程度不高，不善于表达，社会工作者给予他们鼓励和支持，引导他们从自身感受和看到的问题进行发言；而到物业方发言时，社会工作者强调非批判性和尊重他人的要求，让物业方充分发言，表达意见。基于项目涉及小区全体业主公共利益，针对的是居住环境提升和公共服务改善，参与人员积极踊跃发言，议题参与度较高，遵从社会工作者的引导和议事协商规则，开展讨论和议事协商，议事协商团队逐步组建，参与者的家园意识得到强化。

（2）发起议事主题，展开头脑风暴

第二环节为发起议题和走动讨论，社会工作者以"小区治理中存在的问题"为主题，引导参与者思考小区存在的具体问题。按照"该发生的，就让它发生吧"原则，社会工作者强调不评论提出的问题对或错、好或坏，鼓励参与讨论。根据"不管何时开始都是最适合的时间"原则，社会工作者简短介绍规则后，全场展开讨论。经过深入讨论后，社会工作者收集并公示所有问题，并对问题进行归类，得出参与者最为关注的4个问题：高空抛物、环境卫生差、电动单车乱停放、党群服务缺乏。

随后，社会工作者引导参与者选择各自感兴趣的议题进行分组讨论，20名参与者分成4组。根据"双脚法则"，社会工作者鼓励参与者在会场走动，允许其进入感兴趣的议题小组中（如图5-9所示）。通过社会工作者的观察发现，参与者现场走动讨论积极，议题讨论充分，在此过程中走动参与者扮演了"蜜蜂"和"蝴蝶"两种角色，"蜜蜂"将其他组获取的信息传播到另一组，"蝴蝶"则专注倾听其他组讨论。此次议事会得出的4个议题都是小区内部存在且对居民生活造成困扰的现实议题，参与者均对各议题进行了深入讨论，以主人翁角色投入研讨，重点研究对于小区问题产生的原因、带来的影响，共商解决方法，现场展开了一场头脑风暴。

（3）整合会谈结果，达成团队共识

根据"结束，就结束了"原则，在各组不再继续讨论后，结束了议题讨论，社会工作者的任务是整合会谈结果，邀请各组分享各议题讨论情况。例如，在小区高空抛物问题上，参与者认为小区监控覆盖范围广，能找出高空抛物发生楼层；小区有不少租户，他们对小区事务关心不足；小区楼层较高，老人和儿童青少年较多，高空抛物的危害巨大；政府高

图 5-9　社会工作者推动参与者对感兴趣的议题进行分组研讨

度重视高空抛物现象，已将高空抛物定性为违法行为，加大了宣传力度并采取多项预防措施。组员讨论后给出的解决方案主要有：物业加大在各楼栋业主和租户中的宣传力度；开展预防高空抛物宣传活动；开展各楼层防护网安装工作；邀请社区驻点律师到小区开展普法宣传工作。

其他小组同样结合小区实际情况，汇聚组员的集体智慧，分享了各组的议题讨论结果。每组代表在分享时，以"我们小区……""解决这个问题，我们可以做……"等语句发表演说时，代表着参与者逐步树立了"小区事就是自家事""小区事小区议"理念，从"旁观者""抱怨者"向"参与者""欣赏者"转变，对小区的未来改变表达了极大关注，而这也是小区治理中内生动力形成的重要基础，每组的分享都代表了居民的呼声，得到了参与者的认同，并获得大家热烈的掌声。

（4）制订行动计划，链接多方资源

针对问题提出解决方案，制订行动计划，是开放空间促动技术的重要内容。在制订计划中，参与者重点围绕可利用的资源、发挥的作用和扮演的角色三个维度进行分享。业主代表表示，在解决党群服务缺乏方面，可发起成立小区志愿者队伍，而小区爱心商家则是大可利用的内部资源。物业代表表示，在小区治理中，物业的作用较为关键，在社区和小区居民间起到承上启下的作用，物业的工作需要得到社区的领导和居民的支持方可顺利地执行。比如，关于电动单车乱停放和环境卫生整治问题，需要社区投入相关经费，在小区合理规划停车位，建造充电桩；清理大件垃圾则需要社区城管部门协调相关企业及时处理（如图 5-10 所示）。

图 5-10 参与者现场讨论行动计划

聆听居民代表和物业方分享后，现场参与者针对小区问题梳理制订了一份行动计划。对内，居民和物业齐心合力，由物业和业主代表牵头，成立小区志愿服务队，发动广大业主参与志愿服务；对外，整合爱心商家、社区基金会、居委会、党群服务中心等各类资源，因地制宜，多频次小范围开展防范高空抛物宣传活动、环境整治、规划停车位、探访慰问等活动。项目通过链接社区内外资源，最终制订达成大家共识的综合行动计划，为小区治理构建了美好蓝图。

（5）联动左邻右舍，齐心共建家园

社会工作者结合项目团建，以总结回顾方式开展闭圆环节。参与者对项目行动进行了总结分享，以解决四个焦点问题为导向，成立了四个行动小组，以开展端午慰问小区困难群体为起点，在小区发起爱心倡导，收到了物业、爱心商家、个人的捐款，采购了米、油、粽子等物资，探访小区 20 户高龄长者、残障人士和困境儿童家庭，并送去节日关怀，得到了困难群体的点赞，参与者十分认同活动的意义，坚定了参与小区治理的决心和信心。

项目行动实施期间，小区志愿服务队顺势成立，初期吸引了 30 余人加入，为增强志愿服务意识，社会工作者开展了志愿服务能力提升培训。以幸福生活节为契机，引导志愿服务队深入参与社区便民服务集市，动员小区志愿服务队和物业现场提供义剪、缝补衣服、义卖、清洗地毯和风扇等服务，丰富了小区公共服务。针对高空抛物现象，志愿服务队联合小区物业开展了预防高空抛物宣传活动，通过模拟高空抛物让参与居民实地了解高空抛物的危害性，此外，志愿服务队联合物业常态化开展小区环境整治行动，有效改善了小区整体环境。同时，志愿服务队针对电动单车乱停放问题进行巡查和文明劝导，电动单车有序停放有了明显提升。行动计划成功落地实施，收到居民良好反响，营造了安全舒适的居住环境，居民对小区的归属感和幸福感显著提升。

3. 实践反思

社会工作者在 ZX 社区"左邻右舍创家园"街区自治项目中引用开放空间促动技术，引导小区居民从小区治理的"抱怨者""旁观者"转变为"欣赏者""参与者"，居民对小区治理的态度、参与意识有了正向改变，从以往的个别热心业主参与到小区一群业主齐心参与，扩大了小区治理的"朋友圈"，小区邻里互助氛围日益浓厚，整合了街区人力、物力和财力资源，培育了小区志愿服务队，形成常态化治理机制，提升了小区整体环境，整治了消防安全隐患，丰富了小区党群服务，缓和了业主与物业矛盾，获得了社区党委的高度认可。在实践过程中，开放空间促动技术的使用在提升居民社区协商治理意识和治理能力方面取得了积极的服务成效，同时，也存在居民参与显现无力感、多元协商共治机制构建不健全、研讨成果转化成落地行动执行力不足等方面的问题，需要不断反思优化。

（1）需化解居民在参与过程中显现的无力感

项目实施过程中，通过开放空间促动技术，居民投票选出了 4 个迫切需要解决的小区问题，但在议题讨论过程中，部分居民认为居民在解决小区整体环境提升、消防安全隐患整治、党群服务缺乏等问题上存在无力感，认为这些问题主要依靠社区和物业的管理，自己的参与并不能影响和改变目前的状况。另外，一部分居民抱有"事不关己，高高挂起"观念，认为问题的产生是日积月累的，需要社区长期关注和长效解决，并非开展简单活动就能有效解决的，对此缺乏耐心和理解，对小区治理的参与热情不足。对此，社会工作者可从以下方面思考：一是在议题收集环节，筛选与居民利益相关度高、可执行性强、短期内易解决的议题，对于复杂、短期难以解决的问题，社会工作者要向参与者做好解释说明，引起居民对小区问题的持续关注，改变冷漠态度，提升其参与信心。二是加强行动计划的执行，商定的行动计划得到了参与者的集体认同，是全体参与者的智慧结晶，要引导参与者将行动计划转化成服务活动，在服务中解决问题，取得预期成效。三是形成常态化社区协商治理思维，项目的结束不代表小区治理的完成，相反，参与者要把从项目中学到的知识常态化地运用到小区治理中，以小区志愿服务队为载体，以小区居民为核心，长期开展服务，共同营造舒适的居住环境。

（2）多元协商共同治理主体联动机制不健全

小区问题的复杂性、深远性要求在党建引领下，建立多方参与的多元主体协商机制。社会工作者通过引入开放空间促动技术，在项目实施过程中搭建了业主、物业、社区等小区治理的多个主体沟通议事协商平台，激发了居民参与的主动性、积极性，但小区治理关联单位和社会力量参与层面不足，多元主体协商共治联动机制构建不全，缺乏多元主体参与小区治理的服务平台，小区自组织力量薄弱，内生动力不足。对此，社会工作者有以下三方面的反思：一是坚持党建引领，推动构建"社区党委+网格+小区党支部+楼栋长+物业公司+居民"多元协商机制，通过街区定格化行走、书记茶话会、居民议事会、小区联席会等多渠道收集问题和建议，争取推动物业、城管、城建、居委会、网格等多元主体参与小区治理，扩大小区治理"朋友圈"。二是重点打造多元主体参与小区治理平台，鼓励党员、居民领袖、议事会成员等人员担任各楼栋长，在社区党委领导下，组建"楼栋长+网格员+志愿者+党员+小区自组织"多方参与的协商共治平台和网格化治理体系。三是大力培育小区自组织，引导有意愿、有时间、有能力的居民参与小区治理，成立安全巡查队、环境监督队、兴趣社团、垃圾分类科普队等社区自组织，通过组织联盟的形式改变单打独斗局面，为小区治理注入新的活力。

（3）研讨成果转化成落地行动的执行力不足

此次"左邻右舍创家园"街区自治服务项目，在实施初期引入开放空间促动技术，推动小区居民对小区治理的积极参与，对小区问题进行了深入研讨，对项目重点关注的议题达成共识，制订了相应的治理行动方案。由于项目具有一定时间期限，项目结束后居民参与小区治理的自主性不高，研讨结果在行动计划落地执行时与预期的具有一定偏差。对此，社会工作者从以下方面进行了反思。一是关注社区协商治理政策，社会工作者要加强对社区协商治理政策的深入了解和系统研究，熟悉政策内容，把握政策导向，探索社会工作介入社区协商治理的切入点，掌握申请相关政策的条件和做法，争取获得小区治理的资金支持、资源支持。二是加强居民自治能力的培养，助人自助是社会工作的核心价值，小区居民是小区治理的最重要主体，社会工作者要强化对居民小区自治的意识培育和能力提升，推动小区自治机制的建立，让小区治理成为常态化工作，不受项目周期影响。三是加强宣传推广，由于场地空间限制，参与开放空间议事会的居民有限，更多的居民对研讨的议题和行动方案不了解，为推动更多的居民参与小区治理，可通过发布视频号、张贴宣传栏、制作项目简报等形式让小区广大业主及时了解动态，增强居民参与的荣誉感，坚定长期参与决心。

案例 2.3

开放空间促动技术在社区公共空间治理中的运用
——以 PX 社区亲子百菜园种植项目为例

1. 案例背景

治国有常，利民为本。党的二十大报告指出，"完善社会治理体系。健全共建共治共享的社会治理制度，提升社会治理效能"，"畅通和规范群众诉求表达、利益协调、权益保障通道"，"建设人人有责、人人尽责、人人享有的社会治理共同体"。近年来，社会工作者在基层社区协商治理工作中发挥着越来越重要的作用，坚持以居民需求为导向，协调多方治理主体参与社区协商治理，满足居民多样化需求，在不断优化社区协商治理结构中，积极整合社区内生资源，提高社区协商治理能力。

PX 社区位于深圳市的东北角，由 9 个社区居民小组和 6 个花园小区组成，系典型的村转居社区。社区总人口约 5.6 万人，其中户籍人口 1.2 余万人，流动人口约 4.4 万人，整体呈现居住人口密度大、结构复杂的特点。社会工作者通过走访及调研发现，PX 社区全职妈妈较多，空闲时间充足，她们渴望和期待参与社区事务，希望带领孩子为社区做一些有意义的事情。PX 社区党群服务中心三楼、四楼阳台有 500 平方米的露天闲置空间，为更好地利用这个公共区域，2022 年以前社区曾组织一些社区居民进行种植，但因缺乏系统管理与维护，场地内杂草丛生，效果不佳。鉴于此，社会工作者运用开放空间促动技术开展 PX 社区亲子百菜园种植项目，系统引导社区亲子参与，充分利用社区公共空间，营造亲子家庭参与社区协商治理的良好氛围，提升其对社区的归属感和认同感。

2. 应用过程

社区亲子参与社区事务协商治理，实现组织效果，需要集思广益，达成共识。通过分析总结过去阳台种植不够系统、组织性不强、难以持续等问题，社会工作者采用"开放空间"促动技术，为参与者搭建自由、开放的研讨平台，在没有边际、没有权威高低的"圆形"空间及没有时间约束的环境空间下，采用民主参与的方式，发挥团队的灵感创意，组建关键话题形成阶段性行动计划，依次遵循启动、议题设定、自由选择、深入讨论、信息汇总、策略制定、闭环、行动等步骤进行讨论，且循环进行。运用"双脚法则"促进参与者根据自己的兴趣参与议题讨论，制订具体的行动计划，并积极联结可用资源，激发参与热情和创造力，促进团队协作和问题解决，持续地推动整个开放空间行动过程，社区亲子通过促动技术实现有效互动，也在百菜园种植项目中体验、收获、公益回馈，逐渐提升自我效能感，有效促进他们自主参与的"行动力"。

（1）利用开放空间促动技术，确定公共空间利用方向

社会工作者匹配社区亲子参与社区协商治理服务需求，搭建参与平台，围绕 PX 社区党群服务中心三楼、四楼公共空间的利用，带领居民规划使用场地，通过前期问卷调查、个别访谈等方式，发现居民对空间用于植物种植的需求较大，为了验证方向的准确性，社会工作者利用开放空间促动技术深入分析。首先，社会工作者邀请社区工作站代表、居民代表以及房屋住建代表等 20 人，共同参与讨论。接下来是准备环节，在组织会议前，社会工作者做好开放空间促动技术各个流程环节的准备工作，确保每个流程设计符合技术原则。其次，确定会议召集的主题，社会工作者确定本次会议主题为"公共空间作为植物种植园是否可行"，在这个主题方向的指引下进行会议。社会工作者在正式开圆之后，向所有参与人员介绍了活动主题、目的以及需要的时长，重点讲述开放空间促动技术的历史、规则、法则，描述了相关议事协商流程安排，比如讨论植物园种植的可行性、植物园的开放人群，等等。在走动讨论的环节，社会工作者鼓励每名参与者投入各个环节，在此过程中亦保持中立心态，秉持引导者以及开放空间促动技术的参与者角色，通过鼓励、启发等方式，让每名参与者发言，收集每名参与者的意见，最终确定 PX 社区党群服务中心三楼、四楼的公共空间作为亲子百菜种植园。

（2）寻找意向参与群体，做好亲子参与种植准备

社会工作者首先通过访谈、组织推荐、社区志愿者议事会成员定向邀请等多种方式，遴选出15个有主动参与意愿的亲子家庭，组织他们参与到种植项目中来，并专门提醒举行会议的地点、具体时间及注意事项，保证这些亲子家庭具备参与的条件，即热爱种植并愿意亲子协作开展与生命教育主题相关事务。其次，社会工作者整理好开会议事过程中需要用到的物资、表格材料等，布置好一个可供所有参与人员围成若干个同心圆的会议室，确保整个场地设置符合标准。当会议开始时，社会工作者邀请参与人员围成一个圆圈，入座后彼此之间能够看到对方。最后，为进一步帮助参与人员更有效地进入议事讨论情境，当会议正式进行，社会工作者按照"启动、议题设定、自由选择、深入讨论、信息汇总、策略制定、闭环、行动"全流程模式，通过模拟示范的方式学习开放空间促动技术，帮助参与人员增进相互认识程度，知晓开放空间技术的操作细项，并将后续的议事研讨主题确定为"社区亲子如何参与百菜园种植项目"。

（3）围绕相关主题议事，找到亲子参与服务方法

社会工作者按照亲子家庭发起的有关"社区亲子如何参与百菜园种植项目"主题方向，确定了15个意向亲子家庭正式参与开放空间行动中来，依照"出席的人都是适当的""不管何时开始都是最适当的时间""不管发生什么，都是当时只能发生的事""结束的时候就结束了"4项规则以及"双脚法则"的要求，所有参与的亲子家庭都可以提出与议题内容相关的涉及服务、管理等方面的建议，并将提出的主题建议写在白纸上。接着，社会工作者将收集到的主题建议按需求、期待与意愿进行记录并分组，根据"相同的纵向贴、不同的横向贴"，对相关内容进行分组汇总，运用过半数赋分的机制对不同事项的重要程度进行打分，过程中可以请议题发起人阐述提出议题可能涉及的背景、现状、目标、未来愿景等，然后对主题建议进行排序、分清主次，梳理出15个亲子家庭提出的20多个不同内容的主题，经归纳、合并及排序后，最终确定了"亲

子百菜园主题""亲子轮班值日""亲子主题沙龙活动""亲子百菜园公益回馈"四个方向的议题建议,确定各自议题的主要发起人,并通过共同制作手抄报的方式展现议题主题、发起人以及主题相关的未来目标。

(4)提出项目参与建议,提高亲子参与服务动力

本次活动根据既定的主要议题,组织15个亲子家庭以走动式讨论开展议题对话。首先,社会工作者带领参与人员回顾上次活动的相关成果,介绍本次活动流程安排、工作内容。其次,社会工作者动员除议题主要发起人之外的其他参与人员走动式讨论,应用"双脚法则",根据个人兴趣、特长、才能、意愿等因素,参加者既可以围绕一个议题进行深入地分析讨论,也可以随时走动对其他议题提出建议,甚至允许先观察再讨论。议题主要发起人则作为议题主人,以"招商引资"的形式,吸引其他人员加入自己所负责的议题讨论之中,通过开放式提问,确定收集到每个对议题感兴趣的人员的建议,并在圆圈后的背景板上予以展示。最后,所有参与人员采取每人三票选择权的形式,分别对各个行动策略进行投票,遴选出最适宜的四个行动对策,整理并汇报。最终,经过走动式讨论,明确了可以开展排班值日、分群体种植、百家宴、主题沙龙、环保酵素、公益送菜、微景观制作、场地升级等10场主题活动,同时确定了10个亲子家庭作为各场活动的主要发起人,其他成员以活动协助者身份参与自己提出或感兴趣的活动。项目还成立PX社区志愿议事会亲子志愿者分会的服务队伍,切实提升亲子家庭群体参与服务的动力。

(5)确定服务行动计划,培养亲子自主管理意识

社会工作者通过引导培训的形式,帮助参与的亲子家庭了解服务行动计划制订的各项内容和技巧。然后按照主要发起人"邀约",其他参与人员走动讨论的形式,根据行动计划表内的提示,组织参与人员对行动提出建议和安排,针对百菜园种植项目的服务日期、需求、日常维护、轮值等问题展开对话讨论,并以此讨论结果初步确定服务行动计划,将原活动安排进行系统转化,变为亲子家庭自主决定,确定了10份具有可操作性的活动行动安排,并组建了以主要发起人为核心的10支2~4人的

服务行动团队，以团队形式积极开展主题活动。将亲子家庭参与对象融入百菜园中来，以"议事+服务""交流+行动"形式调动亲子家庭参与动力，在议事、交流过程中树立亲子家庭服务意识，激发孩子们的社区责任感。同时，社会工作者融入"和美融洽，共建幸福家园"的价值理念，通过赋权，充分发挥社区亲子家庭群体的主观能动性，涉及服务安排交由参与的亲子家庭自主确定。而亲子家庭也在策划与组织活动的过程中，逐步提高服务能力，进一步增强亲子家庭社区主人翁意识（如图5-11所示）。

图 5-11　亲子家庭开展种植活动

（6）推动亲子持续参与，深化项目服务执行成效

PX 社区强化亲子参与意愿，结合社区亲子家庭优势及特点，有效联结辖区的公益力量，已开展 10 多场次的亲子家庭社区服务。亲子百菜园种植项目实施过程中，挖掘到 3 名社区骨干力量，发挥自身园艺优势，积极指导亲子家庭志愿者及社区其他亲子种菜技巧，改造亲子百菜园环境；还化身传统微景观制作老师，教导孩子们制作微景观，让大家学习

传统手艺，弘扬中华传统文化。亲子百菜园种植项目还与周边的幼儿园、中小学进行联动，将项目发展为学校生命教育与种植体验的基地。在这里，孩子们不仅能获得种植的知识，还能体验种植带来的快乐，更加能够感受到生命的成长价值。另外，亲子百菜园种植项目团队开爱心传递服务，联合社区志愿者，把成熟的瓜果蔬菜赠送给社区有需要的个人和家庭，如社区的高龄老人、独居老人、残疾人、困难家庭、城市"美容师"等，累计一年的受益人群达 300 人次（如图 5-12 所示）。

图 5-12　儿童志愿者将百菜园蔬菜送给清洁工人

如今的亲子百菜园种植项目不仅使之前被荒废的公共空间得到最大化的利用，而且也成为 PX 社区市级儿童友好示范社区的打卡点。社会工作者以该项目为平台，持续开展生命教育、劳动技能等主题服务，百菜园也逐步开放给社区其他人群，让更多的居民参与体验种植的乐趣并感受丰收的喜悦。项目实施过程中也培养了更多的亲子意愿人群，为下一次开放空间开圆培养意向社群，推动亲子家庭持续、常态化参与社区协商治理服务。

3. 实践反思

社会工作者运用开放空间促动技术推动社区亲子参与社区协商治理服务，既解决了社区公共场地利用问题，又让社区亲子有机会参与社区协商治理，增强他们的社区参与意识和服务能力。同时，利用开放空间促动技术的议事协商形式，为参加者营造了自由、平等交流的环境，收集他们最真实的意见，提升了他们在后续项目执行过程中的自主意识。但在项目开展过程中，也存在几个方面的问题，如参与主体内生动力不足、开放空间促动理念有待内化、多元参与治理机制有待完善等，需要社会工作者进行深刻反思并及时改进，从而以更高效的社区协商治理方法和更优质的服务推动社区发展。

（1）参与主体内生动力有待激发

开放空间是一项专业性较强的促动技术，其流程包括开圆、发起议题、走动讨论、会谈整合、制订计划、闭圆等，而社会工作者在反思使用"开放空间"技术的过程中，发现部分参与者不够投入、难以理解、兴趣感降低，在后续的讨论中比较游离，更不愿意参与行动。针对以上问题，社会工作者可以通过以下四个方法进行改善。第一，社会工作者在人员招募时，进行筛选找到真正对主题感兴趣的参与者，提前告知参与者做好参会的准备，确保在参加开放空间的活动时系出于自愿。第二，重视场地布置细节，需要让参与者感到舒适，同时满足其能够自由移动的充足空间。场地里需要一面大的空墙，墙面最好适于用胶带来粘贴海报，这面墙要足够大，让所有的参与者都能围站在墙根。第三，社会工作者在理解促动技术的使用后，应将专业化术语转化成通俗易懂的语言进行解释和澄清，多运用举例子、打比方的方式协助参与者理解内容，同时根据实际情况针对不同环节的流程设计相对应的工具表格，制定一份简洁适用的工具套表。第四，社会工作者要从社区居民的能力建设着手，持续开展社区居民能力提升培训，譬如社区居民的参与能力、协商能力、合作能力、资源动员能力以及情绪管理能力等，从社区议事协商的源头出发，引导居民有效参与社区协商治理。

（2）开放空间促动理念有待内化

开放空间促动技术就是建立一个可以相互讨论的平台，没有人知道答案，对未知开放，以随时准备迎接惊喜的心，勇敢地提出自己的看法，同时也敞开心扉，倾听他人的想法。而社会工作者在开展开放空间会议过程中，会出现以社会工作者为中心，用传统的会议方式开展，导致出现重指导、轻参与；多规则、少自主等情况。为了确保开放空间促动技术使用更有成效，社会工作者在以后运用过程中，一是需要做到认可参与者的权利、相信参与者的价值、尊重参与者的声音。把尊重人及相信每个人都能有所贡献的理念，通过具体的形式（会议规则）展现出来，在"出席的人都是适当的""不管发生什么，都是当时只能发生的事""不管何时开始都是最适当的时间""结束的时候就结束了"四项规则指导下，社会工作者对所有参与人员做到"尊重""平等""相信"。二是认同参与者是平等的合作关系。真正相信参与者的智慧、相信这些社区骨干提出问题后还有改变行动的能力，认真聆听参与者的声音，尊重参与者的想法，让参与者觉得自己的需求被看见了，以后会更加积极主动地参与项目服务。三是在讨论过程中，社会工作者鼓励参与者运用"双脚法则"，对自己不感兴趣的议题，或认为自己在这项议题上已没有贡献，就可以运用法则很自由地到其他组去讨论，或暂时休息一下也可以，充分做到自觉自主。

（3）多元参与治理机制有待完善

PX社区亲子百菜园种植项目在近两年的实践过程中，主要以社区内15对亲子家庭负责管理运营，服务较为稳定，但是社区党群服务中心三楼、四楼的公共场地空间有限，目前的菜园满足不了居民的需求，导致其他对项目感兴趣的老年人、青年人、家庭等轮候时间长，进而出现负面情绪。社会工作者在接下来的服务中，首先，可以尝试创新项目具体服务内容和服务模式，让更多的居民能够参与该项目。通过推动更多服务对象与周边环境的良性互动，此过程中有效优化升级服务模式，通过多维度跨界的创新思维，满足多元化服务对象的社区参与需求，激发社区协商治理活力，提高社区协商治理水平。其次，社会工作者搭建多方资源互动平台。在深入掌握社区现有资源的基础上，深度挖掘社区内潜在资源，厘清资源类型，及时梳理、更新资源清单，有效实现社区资源与居民需求的链接与匹配，进一步提升社区协商治理的质量。最后，针对亲子百菜园的轮候问题，社会工作者同样也可以利用开放空间促动技术引导社区居民协商讨论，形成"问题—协商—解决—反馈"的有效解决问题闭环，推动更多元化的社区居民参与社区协商治理的全过程，构建和完善多元参与治理新机制。

三　未来探索促动技术在社区协商治理实践中的应用案例研究

案例 3.1

未来探索促动技术在保障性住房小区治理中的运用
——以 A 小区居民骨干培育项目为例

1. 案例背景

党的十九大明确提出"加强社区治理体系建设，推动社会治理重心向基层下移"。党的二十大报告指出"健全共建共治共享的社会治理制度，提升社会治理效能"和"建设人人有责、人人尽责、人人享有的社会治理共同体"，这是新时代社会治理的新目标和新方向。在当前社区协商治理社会化的趋势下，社区建设面临许多纷繁复杂的问题，社区自治功能发挥不足。因此，需要在党建引领下，通过引入专业力量，构建多元互动合作网络来提升社区协商治理水平（阮芳，2022）。社会工作作为"社会协同"的主要力量，不仅能为实现社会治理宏观目标提供行动、政策和理论支撑，还能通过专业的知识、方法和技能实现社会治理中的微观目标，是解决社会治理"最后一公里"难题的重要路径（彭小兵 等，2020）。

A 小区是深圳市大鹏新区已建成规模最大的人才住房项目，总用地面积 2.45 万平方米，包括 7 栋住宅楼，2970 平方米社区配套，1070 平方米商业配套，总计可提供 1190 套公共住房，包括单房、三房和四房等多种户型。该项目已于 2021 年 12 月 21 日首批入住，居民入住不超过两年。单位制解体后，社区中社会结构和需求的差异使得社区异质性增长，强化了社区内公共性的衰减，社区逐渐呈现出"原子化"和"隔离化"状态，导致居民的社区归属感弱、社区主人翁意识不强，居民不是被动式参与社区事务，就是在社区中长期缺位，自治能力弱，能动性难以被激发，A 小区也不例外。此外，前期项目社会工作者经过调研发现居住在 A 小区的居民社区参与意愿高与参与度低两种情况并存，而社区骨干本身自带"从居民中来、到居民中去"的独特优势，是促进社区参与的关键点，也是实现人人参与社区协商治理的着力点。

2. 应用过程

未来探索促动技术是一种特别的会议形式，它将"整个系统"带到一个空间，全员一起聚焦在以任务为导向的议程中，共同探讨他们的过去、现在和渴望的未来，激发团队实现梦想的动力，并推动具体的行动措施。为了有效提升 A 小区居民社区协商治理参与能力，推动其参与社区事务，社会工作者借助未来探索促动技术，邀请社区党委、物业工作人员、居民、党员先锋队成员、社区志愿者等利益相关方开展一系列议事会，通过回顾入住小区后生活环境发生的变化，探讨现存的问题，寻找改变的关键点，进而共同描绘未来理想的小区蓝图，并采取相关行动解决问题。

（1）回顾过去，聚焦居民关心议题

在任何的对话中我们都有相对的盲点，为降低在行动计划上犯错误的可能性，需要成员在行动前一起详细叙述他们看到的世界，运用整体视角帮助他们看到比平时更大的图画。每个人贡献出他们所知道的信息，通过共享的历史描述建立起共同体，从而产生新的见解，促进集体行动。

社会工作者邀请社区工作者、物业工作人员、居民、党员先锋队成员、社区志愿者等 30 余名利益相关方来参加主题为"A 小区更加美好：共商共议小区事务"议事会，借助系统思考原则，让整个信息呈现在一个空间里，引导成员采用过去时间线的方式回顾入住小区后生活环境发生的变化。通过分组讨论、头脑风暴、关键词梳理、信息整合等环节，成员对小区变化达成共识：小区内居住率变高了、小区内养狗的居民数量增加了、小区靠近河道的外墙杂草变多了。

为带动参会成员更大程度投入讨论，引发自我管理的动力和个人责任感，社会工作者遵循未来探索促动技术中的引发行动原则，鼓励成员进行自我管理，降低被动性，担负起学习和执行的责任。小组成员分别担任讨论负责人、记录员、报告员和计时员的角色，然后在每个环节轮流交换角色。为快速激发整个大组对话的活跃性，小组成员在听完全部分享后可以先在小组内分享想法。这一阶段，社会工作者也需要减少成员对权威的依赖，将注意力聚焦到会议目标，适时提醒成员只需要负责好小组的自我管理、互相分享与互动。

（2）分析现状，明确问题关键因素

当利益相关方共同回忆与事件相关的每个信息后，能够逐渐拼凑出全像。全员一起聚焦在以任务为导向的议程中，不需要有专家发言，鼓励对话和学习，共同探讨分析他们的现状。以未来探索促动技术流程召开的会议目的性强，更有助于发现解决问题的关键点。

社会工作者邀请小区居民、物业工作人员等 20 余名利益相关方人员参加"聚焦现状，寻找改变发力点"议事会，通过集合信息、小组分享、整体汇报和团体对话等几个环节，总结出以下观点：一是小区老人孩子增多，活动场地缺乏。二是小区居民来自全国各地，邻里关系比较淡漠，逢年过节缺乏节日氛围。三是小区宠物狗数量增加，不文明现象时有发生，如遛狗不拴绳以及狗随地大小便主人不处理等。物业采取张贴文明标语、在住户群内发布文明养宠公告等措施，但效果微乎其微。四是小区靠近河道的外墙杂草变多，有蛇出没，而杂草地责任归属主体不明确（如图5-13 所示）。

图 5-13 社会工作者带领小区利益相关方共议社区问题

议题现状明确后，议事会成员继续讨论议题关键点，得出如下结论：第一，在小区内寻找适合作为活动场所的空地进行改造并明确增加活动设施的资金来源。第二，开展形式多样的节日活动，营造浓厚的小区节日氛围，增加邻里交流。第三，了解养狗人士想法，进行自我管理。第四，明确杂草地归属，确定处理方式及后续利用。

（3）展望未来，畅想梦想实现情景

想象和描绘一个渴望并愿意致力于实现的未来，将愿景汇聚在同一个时空，未来场景变得具象化，从而促进每个人可以找到与它的连接点，引发行动的动力。

依托主题为"未来你好，描绘美丽家园"议事会，成员共同描绘未来小区的美好蓝图。社会工作者进行引导："现在你置身在一年后的未来，今天是2024年×月×日，讨论以下内容并写在一张白纸上：当2024年到来时，你们已经解决的问题及小区的变化、为达到这种积极改变我们需要什么样的能力。"经过各小组的头脑风暴和激烈讨论，小组成员对未来小区进行了构建，发现了共同点：其一，小区内活动场地和活动设施增加，如棋牌桌椅、乒乓球台等；其二，小区内活动形式丰富多样，节日氛围浓厚，邻里关系和谐友爱；其三，小区内养宠人成立宠物圈子，共同制定养狗规则，形成牵绳遛狗共识和文明养宠观念；其四，小区外墙杂草已被铲除，变成了一片美丽的花园。

对未来的美好畅想形成一股积极向上的力量鼓舞着全体成员，在谈到为达到这种积极改变我们需要的团队能力时，小组成员畅所欲言，借助提炼中心词这一方式得出共识：改变的决心、系统策划的组织力、寻找资源的洞察力、共同行动的号召力。这一阶段需注意我们的任务是寻找共同点和规划未来的行动，营造出一个让居民搁置冲突、注重共同利害关系的氛围，建议大家不需要试图去改变他人的想法，而是要找到彼此内心真正的需求，然后组成新的想法和做法。

（4）达成共识，合力制订行动方案

为进一步实现愿景，社会工作者邀请20余名利益相关方针对增加活动场地及设施、节日氛围营造、文明养宠及环境美化开展四场"集思广益，共商行动计划"系列研讨会，根据上一阶段对未来小区进行建构后确定的简要目标，在社会工作者的引导下共同讨论"如何制订短期和长期行动计划"。

每场研讨会针对一个主题进行讨论，成员都会进行分组，四个小组借助头脑风暴、排列组合、提炼中心词、形成系统等方式得出讨论结果并分享，然后进行观点整合，确定短期计划。第一，可以充分利用小区内架空层作为活动场地，活动设施经费来源可以有以下方式：其一向有关部门申请经费或增加设施，行动部分包括了解小区增添健身器材的负责部门，以及申请条件与流程等；其二在小区内进行筹集，行动部分包括成立资金筹集小组分工制定资金预算、确定筹集文案及方式、明确资金管理与公示、监督等。第二，成立节日组委会共同筹备传统节日活动，行动部分包括主题、时间、地点、人群、内容、经费、分工、预计困难及解决方案等方面。第三，邀请养狗居民参与文明养宠茶话会，了解他们的内心想法，共同成立文明养宠小组，共同制定养宠规定并制定惩罚措施。第四，成立环境美化志愿队，动员居民化身志愿者共同铲除杂草，然后分片编号进行亲子认领美化活动，在促进亲子交流的同时体验种植的魅力，达到环境美化的效果。长期行动计划方面有组员提出"可以动员小区热心社区事务并有一定能力的居民，成立小区居民自助会以持久促进大家参与的积极性"。

（5）落实行动，逐步达到预设目标

多元治理团队根据行动方案落实具体行动计划，一是向相关部门申请小区增设健身器材，资金筹集小组会在居民群内发布资金筹集信息并及时进行公示，接受居民监督，筹集结束后，资金用于购买乒乓球台及棋牌桌椅；二是依托端午、中秋等传统节日联动小区物业、党员先锋队、社区组织及志愿者开展丰富多彩的活动，营造齐心协力、共同推进的社区参与浓厚氛围；三是开展文明养宠茶话会，文明养宠小组制作小区宠物狗花名册及公约，将文明养狗精细化落实；四是环境美化志愿队带头动员居民合力铲除杂草，分片认领进行美化；五是持续挖掘每栋楼的潜在居民骨干，逐步推动成立小区自助会并进行自我服务。

在社会工作者的引导下，经过多元治理团队的共同努力，A小区发生了较大的变化。小区架空层增添了4张乒乓球台及4套棋牌桌椅，并成立了维护志愿队，轮流倡导爱护公物，定期进行检修；多方联动开展端午、中秋传统节日活动以及国庆节大型活动3场，邻里活动8场，累计服务居民700余人次（如图5-14所示）；小区宠物狗花名册制作完成，组建小区养宠交流群，8名居民组成文明养宠小组，征集各方想法制定出文明养宠公约，居民签字承诺，养宠不文明现象大大减少；小区外墙杂草已被铲除，空地也被居民种植上花草，曾经的杂草地焕然一新。

每项计划落实后，社会工作者引导团队借助复盘促动技术检验目标达到情况，通过情景再现回顾行动过程，分析得失，找出过程中收获的经验及教训，并进行反思。

3. 实践反思

本项目采用未来探索促动技术来促进小区居民参与并解决小区事务，

图 5-14　小区居民骨干共同策划开展的社区邻里节活动

其间开展 7 场居民议事会，11 场社区活动，成立了 3 个志愿队和 1 个社区社会组织，挖掘并培育 20 余名居民骨干，累计服务居民 800 人次。通过对过去的回顾、对现在的分析、对未来的展望，塑造整个团队的愿景，制定了具体的行动措施，在解决具体小区问题的过程中居民骨干的社区参与意愿和能力逐步提升，小区邻里关系更加和谐友爱，居民的归属感和获得感进一步增强，推动了小区"共建共治共享"的社会治理新格局。在使用复盘促动技术对整体项目进行经验总结与发现不足的过程中，主要产生了以下三点反思。

（1）凝聚多元力量，参与主体需多样

未来探索促动技术是将愿景、承诺和行动融入全系统的一种促动技术，采用未来探索促动技术议事协商，仅仅解决具体问题不是最终目的，更重要的是让更多的居民参与进来，激发居民主体意识，共同寻找解决办法，提高其议事协商及行动能力，从而夯实社区协商治理基础。

为增加参与主体的多样性和代表性，可采取以下措施：第一，在挑选社区协商治理主体时，需考虑如下三个方面：不同领域（如社区工作者、社会工作者、物业工作人员、居民、党员先锋队成员、社区志愿者、社区组织成员等）、人口统计（年龄、性别等）、同在一个空间里的人员构成（拥有资源的、具有专业知识的、信息资源丰富的、存在相关需求的等）。第二，对熟悉的并对此议题感兴趣的社区协商治理主体，可以单独邀约，同时要注意参与的自愿性，当大家以自愿积极的态度来参加议事会时，才能最大化激发大家的潜力和动力。如有必要可以将议题汇总发布到公共平台，引起更多人的关注，进而加入讨论，同时注意对社区协商治理主体的能力进行评估。第三，加强与社区党委、物业、居民等社区协商治理主体的连接和信任度，将日常走访常态化。有效的社区协商治理需要着眼于共同的社区目标和愿景，共同营造社区公共精神，形成社区党建引领社会工作的社区协商治理机制，发挥党建引领作用，确保协商正确导向。

（2）强化促动技术，准备工作需充足

未来探索促动技术运用在社区协商治理中的可参考性经验有限，居民对其知之甚少，所以为更好地让居民了解吸收，社会工作者需要做好准备工作，可从前期筹备、过程准备以及后期复盘三个方面入手。

前期筹备包括以下四点：其一，盘活社区资源，发挥共驻共建作用，社会工作者可在前期走访过程中了解社区资源，建立资源库并及时更新。其二，深入学习促动技术的具体使用方式，了解每种促动技术的特点及适合使用的场景，强化练习议事会引导技巧，并向有经验的督导请教，以便在实际操作过程中能够发挥最大效用。其三，对小区居民、小区物业经理及工作人员、社区工作人员、党员先锋队成员等相关利益方进行走访，了解他们对于社区参与（共商共议小区事务）的相关想法，形成探讨主题，议题需与居民关心的事务相结合。其四，确定会议日期和地点，并准备会议所需的相关材料，确定需邀请的利益相关方名单并拟定邀请函内容。过程准备是指在未来探索促动技术各个环节中需要做的功课，包括提前收集各个议题的相关信息资料，进行全面而系统的调查，针对不同的议题邀请不同的利益相关方；在共商共议过程中使用促动技术带动集体讨论，社会工作者扮演引导者角色，而议事会成员才是讨论的主体，鼓励成员进行自我管理。后期复盘则是需要在使用未来探索促动技术落实每项行动后及时使用复盘促动技术进行经验总结与过程反思，将总结提炼的实践经验运用到后续议题解决过程。

（3）增强参与动力，进展反馈需及时

无论采用何种促动技术来促进居民参与社区协商治理，关键点都在于居民同商共议从而多方联动产生集体行动，为避免议而不决、参而不动的情况发生，就需要在推进过程中把讨论议题的相关进展及时反馈给利益相关方，看得到的改变是后续行动最大的动力。

为及时合理反馈，社会工作者可从以下几个方面改进：首先，社会工作者鼓励引导行动团队成员合理分工，通过讨论达成共识进而明确各方任务，确定反馈人员。其次，确定对内和对外进展反馈形式。根据行动团队特点选择合适的形式进行内部反馈，如线下茶话会、线上交流群等；外部反馈可以借助制作视频、相册集等方式直观反映，也可以通过居民留言等间接方式展现，也可以两者相结合。这样既能提高行动团队的获得感和成就感，也能让更多的居民了解参与社区事务的路径以及小区的变化，调动社区居民的主动性和能动性，进而凝聚更多的参与力量。最后，不仅需要说明进度成效，也要反映行动过程中遇到的问题和困惑。改变小区长久存在的问题并非一蹴而就，需循序渐进，其间也会产生各种问题，尤其是涉及不同群体利益或痛点时，行动团队中部分成员可能会产生各种顾虑。针对遇到的问题和内心的担忧要及时沟通，共同商讨解决办法。此外，也可以根据现实情况，发挥社会工作者的综合性支持功能，链接外部资源开展系列培训，提升基层治理主体的治理能力，实现社区协商治理的可持续发展。

未来探索促动技术在社区安全治理中的应用

——以 S 社区安全隐患排查项目为例

1. 案例背景

党的二十大报告指出，"提高公共安全治理水平。坚持安全第一、预防为主，建立大安全大应急框架，完善公共安全体系"。基层社区作为公共安全治理的主要场域，需坚持把基层一线作为维护城市安全的主阵地，充分动员社会力量参与社区安全治理。而社区是社会的细胞，社区安全是社会稳定的基础。社会工作者作为社会治理的多元主体之一，近年来也不断通过整合社区资源，大力推广安全知识，在提高居民的安全意识、防范能力方面发挥着积极的作用。

S 社区辖区面积约 6 平方千米，居民约 4.3 万人，95% 以上为外来务工人员，辖区内有 8 个居民小组及 3 个花园小区，以城中村为主。通过走访及调研发现，S 社区辖区内大多数为老旧房屋，存在不少的安全隐患问题，如楼道年久失修、路面破损严重、乱拉电线充电、私家车占用消防应急通道等问题，严重影响社区居民生活安全。2021 年一名小学生因缺乏交通安全意识，在社区内的某公交站台处发生重大交通事故，社区居民纷纷为此痛心惋惜。因此，不少社区居民多次通过线上、线下多种形式反映社区内存在的部分安全隐患，希望社区能及时介入处理，社区安全方面的服务需求强烈。S 社区为了减少安全事故发生，由专门的综合治理、城管等部门开展相应的工作。其中，综合治理部门专程负责辖区安全问题，每天开展安全排查及问题处理，但由于工作人员有限，难以同一时间段涵盖辖区，时常收到居民的诉求反馈。鉴于此，社会工作者通过积极整合社区相关部门、志愿者、居民等力量，运用未来探索促动技术，探索社区安全的过去、现在和未来，并制订一套可行性行动策略，共同参与社区安全治理服务。

2. 应用过程

未来探索促动技术是一种特别的会议形式，通过将系统关键负责人和利益相关方聚在一起，共同探索在多变环境下彼此共同的过去、现在和未来，聚焦共同点和未来愿景，制订行动计划与落地措施，实现自我管理，承诺对行动负责。为了减少 S 社区安全隐患，S 社区党群服务中心社会工作者运用未来探索促动技术邀请社区党委、交通运输安全办公室、综合治理部门以及社区志愿者，共同针对社区现状进行分析，探讨如何减少社区安全隐患。通过未来探索促动技术五大步骤：回顾过去，解析安全隐患成因；着眼现在，分析社区安全现状；探索未来，共画安心社区蓝图；达成共识，制定具体行动策略；落实行动，排查社区安全隐患。

（1）回顾过去，解析安全隐患成因

社会工作者运用时间线的方式回顾社区交通安全问题，在社区党群服务中心运营期间组建了 6 支志愿者队伍，在社会工作者的引导下定期开展交通文明劝导服务，有效减少了 S 社区交通事故的发生频率。与此同时，也面临如问题介入程度浅显、居民参与度较低等社区协商治理难题。基于居民对社区安全环境提升的需求以及居民参与社区协商治理方式的新变化，社会工作者引入未来探索促动技术，试图带来新改变。

社会工作者运用未来探索促动技术，邀请社区党委、综合治理部门负责人、志愿者骨干及居民代表等 12 人参加研讨会，共同回顾过去 S 社区安全方面的成效及问题，主要针对"社区安全隐患的成因"进行探讨。一名志愿者骨干分享道："过去楼道里有很多居民私拉的电线，道路多处破损，存在很大的安全隐患。""近 3 年 S 社区通过开展安全宣传，加强监督工作，逐渐提高了大家的安全防范意识，安全事故发生率也有所降低。"其他参与者纷纷发言，并在社会工作者的引导下通过分组讨论、头脑风暴、关键词梳理等环节，共同分析社区安全隐患的成因。最后，通过信息整合、小组分享、团体对话的形式，探讨出社区安全隐患的主要成因如下：一是安全知识宣传贯彻不到位；二是居民安全意识缺乏；三是硬件设施未完善；四是监管力度不够。整个研讨会环节，不需要有专家发言，社会工作者鼓励参与者相互对话与学习。

（2）着眼现在，分析社区安全现状

为了绘制未来安全社区蓝图，社会工作者通过议事会的形式，邀请在辖区居住及工作的居民以及综合治理部门负责人，共同分析S社区安全问题的现状，探讨S社区安全工作成功或失败的案例以及关键因素。

社会工作者从现有社区安全的服务板块出发，详细介绍本次议事会的背景与目的，协助参与者更加清晰地了解参与此次议事会的目标。引导参与者针对S社区安全服务工作现状进行分析和探讨。对于理解有误的居民，组内的社会工作者进行解释及澄清。参与者在社会工作者的引导下，针对现今S社区重点开展的交通安全、出租屋等安全隐患排查工作展开充分的讨论。参与者均在辖区居住或工作，对于社区目前的安全环境有更多的发言权和实际感受。因此，在讨论过程中社会工作者不需要过多发言，仅需帮助每名参与者站在整体的角度看待问题。

在现有交通安全方面，参与者通过头脑风暴、提炼中心词的方式，分析S社区安全工作的成功案例"'蓝色护航'交通安全疏导志愿服务"，通过信息整合、小组分享、团体对话的形式，分析出S社区交通安全工作成功背后的原因：一是政府相关部门对于公共安全设施的完善；二是加大对交通安全的宣传推广力度；三是提高居民对于交通安全的认知；四是组建正式和非正式的队伍，在重要交通路口进行人员劝导。交通安全仅为社区安全的其中一个环节，探索如何将有效的工作模式运用到整体社区安全中，还需要各个利益相关方共同探讨。

（3）探索未来，共画安心社区蓝图

社会工作者邀请志愿者骨干以及部分社区居民参与"共画安心社区蓝图"议事会，共同展望社区未来，与参与者一同绘制社区未来蓝图。社会工作者通过引导语的形式，提出"需要付出什么""梦想实现是什么场景"等问题，引发团队思考。参与者通过分组激烈讨论，不断进行信息整合、小组分享、团体对话的形式，由小组成员上台将讨论结果进行展示：第一，完善社区交通秩序，交通事故发生率降低；第二，提升居民安全意识，居民私拉电线、电动单车入户等行为减少；第三，居民积极参与社区安全劝导及宣传，人人都是安全宣传员（如图5-15所示）。

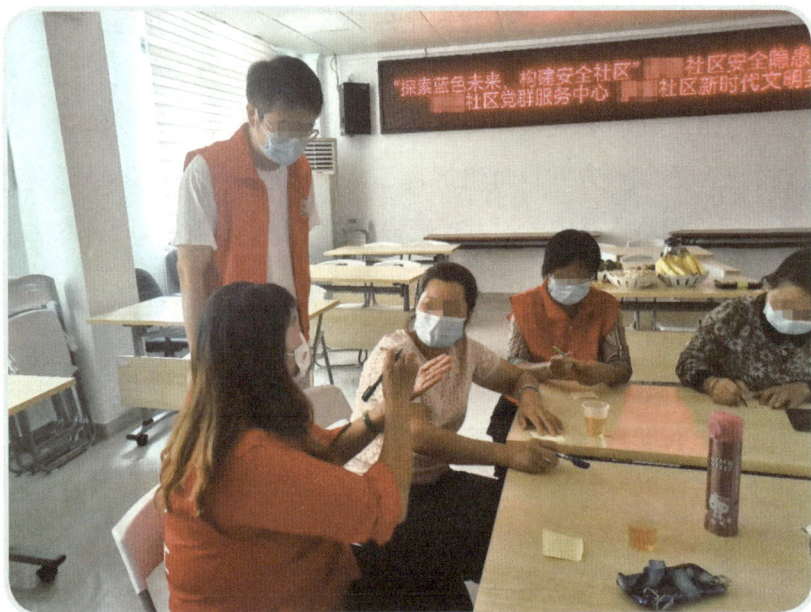

图5-15　社会工作者带领参与者分组探讨社区安全蓝图

社会工作者为了让更多群体加入社区协商治理工作，围绕"社区安全"这一主题，分别组织各个群体开展居民议事会。儿童青少年议事会围绕"社区安全，我可以做什么"展开了激烈的讨论，有5名青少年有意向成为"小小安全员"；妇女议事会主要围绕"规范电动单车出行""从小培养孩子的安全意识"等议题进行；职工参加的议事会，提出"希望能够出行安全、生活环境安全"。各群体议事会开始由社会工作者阐述、澄清议题，并分组进行探讨，邀请每组挑选代表总结发言，绘制了一个理想的"行人与车辆各行其道，工作和生活环境和谐安全"的社区安全环境蓝图，参与居民及志愿者表示愿为社区安全环境出一份力，组建一支安全隐患排查志愿者服务队。最后结合各个议事会的总结，针对居民提出的问题及解决措施，将再邀请各个利益相关方进行研讨，评估方案的可行性，提高方案的可操作性。

（4）达成共识，制定具体行动策略

社会工作者组织 30 名社区志愿者以及社区党委、综合治理部门负责人参与研讨茶话会，为了"构建安全的社区环境"这一目标，共同制定 S 社区安全隐患排查服务项目。本次议事会将参与者分为 3 组，结合社区现有的安全工作进行探讨。所有参与者进行头脑风暴、排列组合、提炼中心词、形成系统等方式，每组挑选一名代表进行阐述，每组至少讨论出 3 条可行性策略。其中志愿者代表提出："社区安全隐患时有发生，建议排查服务可从线上、线下同时进行，安全隐患排查服务可分正式和非正式，引导更多的社区居民参与社区安全治理工作。"

社会工作者引导参与者共同制定一套行动策略，包含但不限于具体的行动步骤、行动目标、开始时间、完成时间以及各行动步骤的负责人，协调和统筹人、财、物等资源。与此同时，社区党委、综合治理部门结合社区实际情况及现有工作内容，给予支持。研讨茶话会过程中，社会工作者运用开放空间促动技术，引导参与者集思广益，解决内部冲突，达成共识，有效提升了志愿者参与社区事务的能力以及获得感，同时为安全隐患排查服务项目研讨出一套具有可操作性的流程：一是组建安全排查志愿服务队伍；二是制定多方协调机制；三是提升队伍安全排查服务能力；四是定期开展安全隐患排查；五是跟进安全问题解决情况；六是复盘反思。

（5）落实行动，排查社区安全隐患

根据研讨的流程，制定具体行动步骤：第一步，组建一支不少于 10 人的安全隐患排查小分队；第二步，确定多方参与及协调机制；第三步，开展安全隐患识别、急救知识等安全培训，提升队伍服务能力；第四步，定期排查各个居民小组安全隐患问题；第五步，解决安全隐患，梳理同质性问题；第六步，扩大队伍人数，提升队伍凝聚力与积极性，增强队伍建设。

社会工作者根据行动策略，已初步组建一支由社区居民及志愿者组成的 20 人安全排查小分队，并开展社区安全隐患排查服务。社区安全隐患排查服务开始前，团队成员先进行班前会，针对当天排查路线、排查内容以及相关注意事项进行澄清，保证每名团队成员了解当天的安全排查服务内容。团队成员结合行动策略，先走访辖区内其中一个居民小组，从主干道再到各巷道，通过团队成员仔细勘察，发现存在的部分安全隐患，"电动单车私拉电线充电""消防通道堵塞""消防器材过期""道路破损"等20余处，团队成员通过拍照以及登记的方式进行记录，并通过"@坪山"进行上报解决（如图5-16所示）。

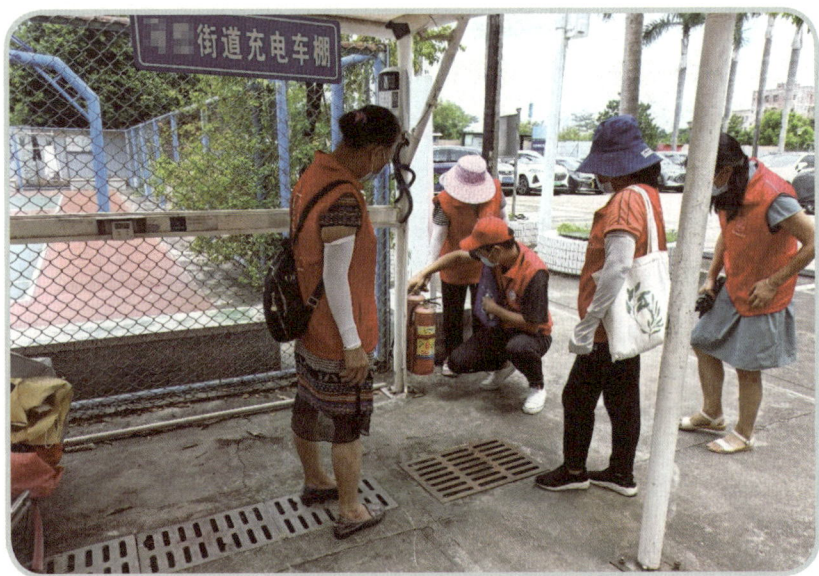

图 5-16　安全排查小分队开展社区安全隐患排查活动

　　安全隐患排查服务开展后，社会工作者带头做复盘，引导团队成员针对安全隐患排查的实施进行反思和回顾，鼓励大家及时分享本项服务的心得体会。团队成员意见和观点得到了充分的表达，极大提升了参与者的参与感、获得感及归属感。复盘会议中提出，在安全隐患上报后要及时做跟进处理，确定"谁发现、谁上报、谁跟进"的制度，分"轻重缓急"制定3/5/10天时限，加强团队成员责任意识，提升服务效能。

　　3. 实践反思

　　社会工作者运用未来探索促动技术将社区安全隐患排查项目从过去、现在、未来的时间线进行梳理和分析，其间开展了7场居民议事会，10

次安全隐患排查，15 次交通护航行动，参与部门包括社区党委、综合治理部门、交通安全部门以及党群等多个部门，参与人数约 200 人次，上报约 30 个安全隐患，解决了 15 个安全问题。在会议过程中每个人都有平等发言的机会，这使得所有人都能从其他参与者的发言中慢慢聚集起一幅形象生动的未来画面。

社区是居民共同生活的场域，社区安全是人人都关注的核心点。社区安全隐患排查有助于提高社区居民生活环境的安全性，维护社区安全也是大家的共同使命。运用未来探索促动技术不仅可以凝聚利益相关方的共识，同时也能帮助各个利益相关方跳出自身角度，站在社区整体视角看待安全隐患的解决方案并制订所有人都可以参与其中的行动计划，推动安全隐患排查服务项目的顺利开展。

（1）促动技术需理解吸收

社会工作者运用的未来探索促动技术是一个新鲜且专业性较强的技术，通过此项技术将各个利益相关方联动起来，并运用时间线的方式，将过去的经验、现在的需求和现状以及未来的憧憬有效串联起来，制定一套行之有效的策略。但是未来探索促动技术的使用过程中，社会工作者发现参与者文化水平、理解能力以及过往经验不一，会议过程中，参与者往往会出现难以理解、兴趣感降低以及难以融入研讨内容等情况，因此，不少参与者无法表达自己的真实想法。

针对以上问题，社会工作者可以通过以下四个方法进行改善。第一，社会工作者根据分组情况，提前安排其他社会工作者进入每组组内探讨环节，对于研讨内容以及促动技术的使用等各个环节做好解释与澄清工作，以帮助每组参与者都能理解各个环节的内容以及需要探讨的方面。第二，社会工作者在理解促动技术的使用后，应将专业化术语转化为通俗易懂的语言进行引导，同时应通过举例、比喻的方式加强参与者的理解。第三，社会工作者在人员招募时，一部分参与者可进行定向邀请，着重邀请参与度高、思维活跃的居民及志愿者骨干，提前告知参与者做好参会的准备。第四，定期开展安全知识培训，包含"识别安全隐患""消防安全""安全急救措施"等方面的培训，提升参与者的获得感以及服务效能。

（2）多方参与需统一观点

社会工作者运用未来探索促动技术推动研讨时，多个利益相关方各自站在自己的角度难以达成共识，各持己见，这一过程容易出现冷场和争论等情况，难以达成一致目标，同时也会降低参与者的积极性。

为了更好地提升参与者参与社区事务的积极性和主动性，社会工作者可以从以下几个方面进行改善。首先，社会工作者运用未来探索促动技术引导各方探讨前，最好以图文并茂的形式，将过去、现在社区安全环境的情况进行展示，让参与者直接面对日常生活中的场景，引发参与者共鸣，同时通过上述形式，加强参与者对研讨内容的理解。其次，社会工作者在前期邀请时，做好澄清及解释工作，分组讨论时，尽量将各方参与者相互交叉，讨论过程中，各方代表互相了解。再次，优化促动技术工具，社会工作者应当将促动技术内化，根据社区以及参与对象的实际情况，制定专业但精简的工具套表，结合不同服务人群使用不同套表。最后，定期邀请利益相关方参与议事会，加强多方沟通与合作，提升各方的参与感。让各个利益相关方在会议中发表各自看法，互相理解，共同探讨解决方案，有助于各项服务的顺利开展。此举不仅让参与对象更好地了解项目内容，还让各个利益相关方统一战线，为社区协商治理工作提供了内驱力。

（3）社区治理需多方联动

社会工作者在运用未来探索促动技术期间，参与对象主要为社区志愿者、社区居民以及社区相关部门，辖区内的商铺、企业、工厂等利益相关方由于一些主客观因素无法联动参与该服务。因此，安全隐患排查的服务主要局限在生活安全板块，未将商铺、企业和工厂的生产安全需求融合到服务中。同时，社区居民和志愿者也缺少与辖区商铺、企业、工厂直接沟通的机会。为了更好地促进各个利益相关方的联动，推动多方参与社区协商治理，社会工作者应当从以下几个方面着手。一是积极挖掘社区资源，建立社区资源库。社会工作者应当建立常态化走访机制，积极发现社区人、财、物等资源，动态更新社区资源库。二是加强与社区各部门联动，定期走访企业和工厂。社会工作者日常多与社区党委、工会等部门走访企业和工厂，了解企业的现状及安全生产需求，同时争取得到各企业的支持，邀请企业代表参与，提升社区安全环境。三是回应服务需求，寻求合作机会。通过各部门联动，了解各个利益相关方的需求，及时回应并对接相应服务，同时寻求与辖区商铺、工厂、企业的合作机会。四是推动党支部共建，搭建议事协商平台。社会工作者利用辖区内各企业、工厂党支部共建活动、如"民生面对面"、居民议事会等平台，运用未来探索促动技术，引导辖区内各企业、工厂等各利益相关方，参与社区的协商治理。

四 世界咖啡促动技术在社区协商治理实践中的应用案例研究

案例 4.1 ●•••

世界咖啡促动技术助力社区志愿者能力提升
——以 L 社区志愿者参与社区治理项目为例

1. 案例背景

中共中央组织部、中共中央政法委员会、民政部、住房和城乡建设部印发《关于深化城市基层党建引领基层治理的若干措施（试行）》的通知中提出："培育扶持基层所需的公益性、服务性、互助性社会组织，使其成为推动治理重要力量。畅通和规范市场主体、新社会阶层、社会工作者和志愿者等参与基层治理途径，构建人人有责、人人尽责、人人享有的基层治理共同体，实现共建共治共享。"社会工作者和社区志愿者作为社区协商治理中的两个主要参与主体，在社区协商治理中扮演着非常重要的角色。

L 社区位于某区中心地带，面积约 5.38 平方千米，下辖 8 个居民小组，8 个花园小区，2 个创新工业园区，常住人口达 7 万人，是一个复合型、创新型社区。随着时代的发展，L 社区的城市更新进程逐渐推进，然而复杂的社区环境也衍生出邻里摩擦、物业纠纷、卫生脏乱等一系列与居民生活质量息息相关的问题，无数问题的堆积大大影响了社区的正向发展，传统的社区协商治理方法也逐渐不能满足居民的多元需求，投诉率不断上升，满意度逐步下降，基层治理难度日益增加。

为进一步优化社区基层治理体系，解决社区发展中的实际难题，L 社区结合相关政策导向，通过统筹开展志愿者参与社区协商治理项目，以党建引领为核心，以社区党群服务中心社会工作者为抓手，以志愿者为主体，组织志愿者共商共议社区"急难愁盼"问题，建言献策提出解决方法，同时帮助志愿者提升相关专业技能，引导志愿团队激发创新服务思维，以有效行动促进问题改善，营造社区全民参与的和谐氛围，构建社区全民共建共治共享新格局。

2. 应用过程

本项目以社区 30 位志愿者为主要服务群体，以世界咖啡促动技术相关方法为主要学习、沟通方式，让来自不同地方，有着不同经验、背景、学历、兴趣爱好等特点的志愿者，在安全、平等、友好的氛围中探讨志愿者专业能力提升、社区协商治理参与等各类不同项目主题。

世界咖啡促动技术围绕一个或多个重点问题有目的地去组织会议，通过将大家的思维和智慧集中起来解决问题，发现思考共性的过程。在运用世界咖啡促动技术时，主要遵循以下几个重点步骤：一是需要将场地像咖啡馆一样布置，有绿植、鲜花、温暖的灯光、轻松的音乐、可口的点心等，营造出放松、自由、舒服的空间环境；二是参与者可以自由分为四个人或五个人坐在一桌，围绕主持人设定的重点问题开始一轮轮讨论，每轮持续 20~30 分钟；三是每一轮结束的时候，需要留一个人作为桌长，其他人则自由流动到其他桌子。同时，桌长向新参与者共享此前的会议精华，新参与者则叙述他们之前的会议线索，然后讨论继续进行；四是三轮或更多轮以后，主持人引导所有组将讨论结果进行整理、展示，所有人一起分享并探究出现的主题，领悟和学习结果。

世界咖啡促动技术主要通过融洽的、具有创造力的、头脑风暴式的有效交流，产生志愿者队伍集体智慧，提升志愿者服务能力，达成团队发展共识，为社区现存问题提供好的解决方式方法，并以志愿者为主体来共同参与解决部分问题，最终达到项目目标。

（1）志愿者意识觉醒之"破冰咖啡"

项目开展前，社会工作者在社区现有的志愿队伍中筛选出30位不同年龄、不同队伍、不同教育背景、不同服务经历等具有差异性的志愿者骨干作为目标群体。社会工作者发送邀请函并逐个访谈，根据实际参与情况确定第一次会谈目的，即让志愿者打破陌生感，互相熟识，同时让他们了解社区志愿者发展背景、社区需求、项目目标等重点内容，借此激发志愿者服务热情。因此，项目第一次服务开展命名为"破冰咖啡"。

在活动中，社会工作者作为主持人向志愿者详细介绍了世界咖啡促动技术，并以项目主题"志愿者如何参与社区协商治理"为第一次会谈问题，邀请大家参与体验世界咖啡会谈，根据志愿者讨论结果总结归纳本次会谈主题分别为"作为一个居民，你怎样看待自己生活的社区？""作为一个志愿者，你想在社区协商治理中发挥怎样的作用？"经过三轮会谈，志愿者发散思维，各抒己见，分享总结，对自己参与社区协商治理工作的主观能动作用有了新的认识和理解。

本次活动目标达到度极高，志愿者第一次参与世界咖啡会谈，都表示活动形式新颖，现场氛围轻松愉悦，每一个问题讨论都能够激发新的想法和观点。志愿者的意识开始从传统的"安排式服务"向"自主式服务"转变，他们对社区协商治理有了新的认识，对本项目的运行也产生了浓厚的兴趣，所有人共同拟定了下一次会谈的议题。

（2）志愿者深度思考之"探询咖啡"

经过第一次世界咖啡会谈，志愿者们达成了服务共识，对参与社区协商治理相关内容有了更多热情。社会工作者趁热打铁随即筹备第二次会谈，并明确本次会谈目标是共同探询自我成长的方向并采取行动，本次会谈命名为"探询咖啡"。社会工作者将会谈空间布置得像咖啡馆一样舒适、放松，并将参与者当作"客人"一样热情招待，因为是第二次会谈，社会工作者需要再次强调"世界咖啡礼仪"，即聚焦在真正重要的事情上，每个参与者要贡献自己的观点与经验，聆听和理解不一样的声音，连接各种想法，共同分享更深层的问题。前期的精心布置让志愿者参与会谈时非常投入，他们对"志愿者想要更好地参与社区协商治理应具备哪些能力""志愿者如何提升专业服务技能"两个主要问题进行了深层的交流和分享，志愿者意识到缺乏专业的服务技能是不能真正帮助居民、社区解决实际问题的。基于此，他们通过对过往服务的总结研讨，找到了学习的方向和行动目标。志愿者希望社会工作者能够提供沟通技巧学习、社区服务策划等更专业的技能培训，让他们更自如地开展志愿服务，且更有信心参与社区协商治理。

第二次会谈圆满结束，志愿者更清楚了会谈规则，并且能够顺畅地完成会谈流程。志愿者在会谈中逐渐开始清晰队伍的发展方向，他们在分享经验的同时学会了总结和思考，并在不断的思维碰撞中找到了行动方向和服务目标，进一步推动了志愿者参与社区协商治理的步伐，项目开始进入重要发展阶段。

（3）志愿者自我成长之"学习咖啡"

第三次、第四次世界咖啡会谈，志愿者们将之命名为"学习咖啡"。会谈以共同分享学习为主要目标，进一步提升志愿者的服务技能。社会工作者首先通过幻灯片向志愿者分享"沟通技巧""调解技能""服务策划""思维导图"等专业知识技巧，并在此过程中把世界咖啡会谈塑造为核心流程。为进一步展开深度会谈，社会工作者会设置开放性的、与学习内容相关的问题，引导志愿者们在会谈中发现问题并进行深入思考，在不断的思考中催生出更多新的观点和可能。新的学习形式让志愿者对于专业知识的探索乐此不疲，他们会自发性思考专业技能在实际志愿服务中的应用性，对于可能出现的不足，他们会寻找更多弥补和解决的方法。在志愿者掌握了一些专业知识技能的时候，他们开始对参与社区协商治理产生自己的观点和想法，并且在会谈中表达出来，社会工作者可以适当记录下来，并在下一次会谈中作为主要问题进行讨论（如图5-17所示）。

图5-17　社区志愿者分组探讨自我成长方向

"学习咖啡"成效显著，志愿者们在两天的学习中收获颇丰，骨干志愿者陈女士表示："对于传统'授课式'学习方式早已厌倦，经常无法进入学习状态，而世界咖啡式会谈让我们沉浸在思维碰撞的兴奋中，原本枯燥的知识点开始变得生动起来，学习效率大大提高。"志愿者们对自己的成长感到满意并且主动要求尽快进行项目的下一个阶段，项目真正步入正轨，中期目标基本达到。

（4）志愿者积极探索之"议事咖啡"

通过前期的筹备、学习，志愿者以肉眼可见的速度快速成长，他们开始对志愿服务充满信心并对服务的方式方法称赞不已，社会工作者准备通过议事会带领志愿者真正探索如何参与社区协商治理。

社会工作者根据志愿者在前面会谈中提及最多的问题，结合社区实际情况拟定四个重点问题，且通过投票选出"社区交通安全"和"高空抛物"为他们认为最重要的、亟须解决的、可参与的问题（如图5-18所示）。

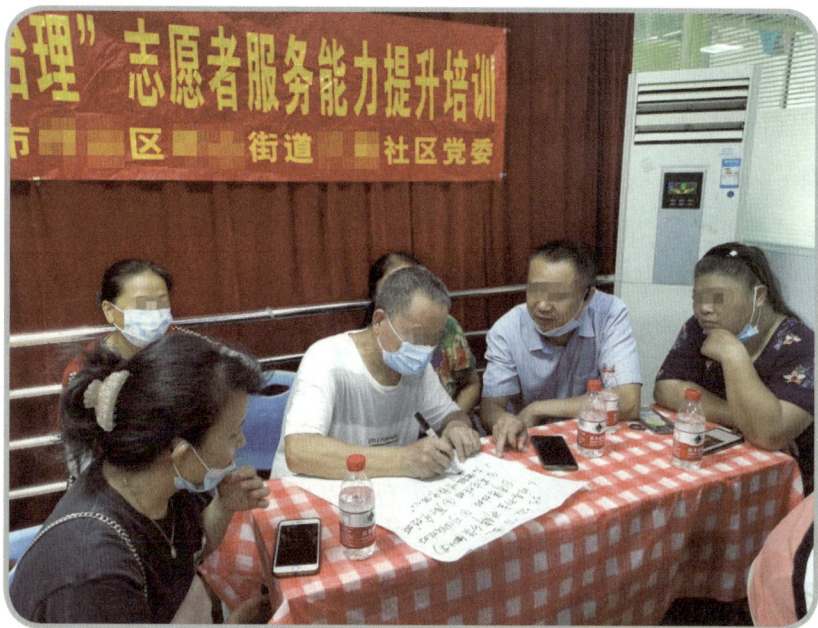

图5-18　社区志愿者分组讨论高空抛物社区治理方案

　　随后，社会工作者分别针对这两个问题开展了两次主题议事活动，带领志愿者们共同商讨具体实施方法。会中，社会工作者继续采用世界咖啡会谈方法，并将这一阶段的会谈命名为"议事咖啡"。社会工作者在会谈中持续关注每一桌的会谈情况，鼓励每个人自由分享观点和视角，让志愿者们在不断换桌交流过程中将想法不断连接。社会工作者将志愿者每一个核心见解记录在卡纸上并展示出来，通过分享和倾听不断激发他们深层的智慧。志愿者们开始意识到，社区协商治理不仅是相关部门的责任，也是全体社区居民的责任，如何让更多居民参与进来且认识到社区协商治理的"本质"，就需要志愿者在其中发挥桥梁和纽带作用。

　　两次"议事咖啡"的开展，让志愿者对具体服务内容进行了深入的思考和计划，他们决定将全部志愿者分为两组，每组分别选定"社区交通安全"和"高空抛物"中的一个主题进行服务方案设计及具体实施落地，他们正式开始参与社区协商治理相关服务，项目推进到最核心部分。

（5）志愿者自主实践之"复盘咖啡"

在进行两次"议事咖啡"会谈后，志愿者开始通过实施志愿服务参与社区协商治理，他们主动收集居民意见，不断优化服务内容，通过劝导、宣传、讲座等形式来改善社区交通问题和高空抛物现象，红色身影得到了居民的认可和支持。社会工作者在志愿者们开展自主服务的最后一次进行了世界咖啡会谈即"复盘咖啡"，会谈高度融入了复盘促动技术，两种技术的碰撞给予志愿者更新奇的体验和更系统的成长帮助。会谈中，社会工作者邀请志愿者以"回顾重点服务内容""对比前后目标达到情况""分析差距原因""形成具体改进策略""制订行动计划"等复盘促动技术核心要点为世界咖啡会谈重要问题，带领志愿者回顾服务流程、服务细节，让志愿者在不断的走动交流中，总结出更恰当的服务方式和更新颖的服务内容，促进志愿者自信心大大提升的同时，让他们感受到个人的成长变化，体验自己因蜕变带来的喜悦。

最后两次世界咖啡会谈，志愿者已经能够自如地参与整场会谈，他们的思维更加开放，语言表达也更加丰富，他们发现了集体智慧的力量，对团队的归属感不断增强。在社区协商治理这一项目主题上，志愿者分别有了很多独特的见解，他们强烈要求项目持续开展下去，渴望通过自己的热情、梦想、希望为社区带来正向的改变和积极的影响，也为下一步社区协商治理的推进夯实基础。

3. 实践反思

世界咖啡促动技术在志愿者参与社区协商治理项目中起到了至关重要的作用，它不仅通过简单、舒适的会谈方式将志愿者深深吸引到项目中，更通过巧妙、自由的会谈流程让志愿者在团队中大胆地交流、表达自己的观点，让他们在轻松愉悦的交流中找到了志愿服务的意义和快乐，在无数的思维碰撞中，找到了问题的关键点和解决方法。世界咖啡会谈让整个项目的运行非常自然流畅，志愿者在集体的智慧中迅速地成长和改变，且在参与社区协商治理工作中发挥了重要的作用，不仅促进了社区问题的正向改善，更进一步营造了社区的良好氛围，打造了社区共建共治共享的新路径。

世界咖啡会谈虽然是很好的团队交流方式，但社会工作者在实际运用中仍然发现其存在一定的局限，例如，对于具体问题的目标达到无法把握；社区协商治理项目中志愿者群体的视角单一，且观点复杂多样，难以最终落地实施；在社区协商治理项目推进中，该技术的使用可能会激发"矛盾"。针对以上问题，社会工作者需要进行深刻的反思并寻找适当的解决方法。

（1）思维过度活跃，难以达到具体目标

在实际项目推进中社会工作者发现，世界咖啡促动技术主要特点是激发参与者创新思维以及发现更多可能，然而在非常轻松自由的环境空间里，参与者通常会天马行空、思维扩散，很难聚焦到重要问题上，尤其是前面两到三次会谈，经常会进行"无效"讨论，不仅拖慢会谈进度，同时也会使原本制定的服务目标难以达到，同时在不断的思维碰撞中，参与者们讨论出的结果也很可能与制定的具体目标"背道而驰"。

因此，针对这类状况，社会工作者需要通过以下几个方面进行改善：一是在会谈开始前，重点介绍世界咖啡会谈的前提、礼仪、要求，以及本次世界咖啡会谈的目的、流程，让参与者清楚地知道这些内容后，步调一致，遵循规则完成每一步讨论；二是在每一个会谈环节，主持人都要把本环节需要讨论的重要问题写在白板上或以幻灯片的形式展示给大家，最好多准备一些大白纸，将问题贴在会场四周，或者写在小卡片上，放到每一张桌子上，让参与者更清楚需要谈论的重要问题，从而避免听觉上的误差，使会谈"跑题"；三是主持人要适当引导会谈主题方向，尤其在会谈过程中，主持人可以加入各桌讨论中，提出自己的见解和想法，引导参与者回到重要的问题上来。

（2）观点复杂多样，形成意见难以落地实施

在志愿者参与社区协商治理服务项目中，社会工作者使用世界咖啡促动技术确实激发了志愿者们的新思维、新想法，形成了较好的社区协商治理思路。然而社会工作者发现，尽管在世界咖啡会谈中收集到很多观点和想法，但也存在意见代表性不足、信息获取有限等情况，观点复杂多样化导致最终意见难以落地实施。比如，世界咖啡会谈只邀请了一部分社区志愿者参与，而这部分人的意见无法代表所有志愿者的观点，且只能获取有限的信息，这可能导致一些重要的信息被忽略，也容易受限于参与者的知识和经验水平，无法进一步提供高质量的解决方案或决策。面对这些困难，需要通过以下方式进行合理安排：一是在世界咖啡会谈中做好相同观点的整合以及不同观点的呈现，鼓励参与者对于不同的观点通过头脑风暴进行更多的思考，以期达到最终的意见统一；二是社会工作者需要根据相关政策措施对已形成的观点进行合理筛选，并告知志愿者原因；三是社会工作者要以项目发展为载体，以志愿者个人能力提升为过程，以社区协商治理为目标，进行全部会谈内容的问题设定，在会谈中限制一部分内容的讨论，引导参与者在重要的、符合项目发展的问题上进行探讨。

（3）对立思维碰撞，影响项目有序推进

在社区协商治理项目运行前期，社会工作者为充分发挥世界咖啡促动技术特有的优势，促使活动得到出人意料的收获，方便进一步体现和获取集体智慧，筛选出了一批不同年龄、不同志愿队伍、不同教育背景、不同服务经历等具有差异性、多元性的志愿者骨干作为目标群体。

然而，在世界咖啡会谈中，不同人的视角相差较大甚至形成对立，在讨论过程中或者分享中就会造成压力或分歧，使会谈不能顺利进行，从而导致项目推进迟缓。针对这一问题，社会工作者需要从以下两个方面做好预防及应对：一方面，社会工作者需要从宏观、中观、微观不同视角掌握社区协商治理的背景、发展及社区目前面临的主要问题，熟知项目内容、志愿者现状，在活动前进行分享，活动中及时回应相关提问，

打消参与者对项目的疑问，避免针对项目本身进行质疑；另一方面，社会工作者需要预见这些困难及避免设计导致会谈难以进行的问题，在会谈中，提醒参与者注重接纳与鼓励，接纳不同的声音，鼓励思维的碰撞，以欣赏式谈话，例如"我很欣赏你刚刚提出的观点……""你的想法让我有了新的思考……"通过这些原则，让可能存在分歧或激发矛盾的对话，变成大家能够看到更多元的思考。通过以上两方面，既能保障观点的有效收集，促进项目的有效推进，更能在活动中形成新的服务思维，达成团队协作共识。

案例4.2

世界咖啡促动技术在社区协商治理中的运用
——以 TT 社区 "志愿者咖啡馆" 为例

1. 案例背景

党的二十大报告指出，"完善社会治理体系。健全共建共治共享的社会治理制度，提升社会治理效能"，"畅通和规范群众诉求表达、利益协调、权益保障通道"，"建设人人有责、人人尽责、人人享有的社会治理共同体"。社会治理工作需要发动多方力量参与，尤其是调动居民群众参与的积极性和主动性。近年来，中央政策文件与政府工作报告中，经常提及社会工作和志愿者参与社会基层治理的相关表述。社会工作者与志愿者作为社区协商治理的纽带和桥梁，其力量发挥将有利于链接和撬动各方的资源与力量，为基层社区协商治理工作提质增效。

目前，TT 社区正处于棚改拆迁的发展阶段，社区的环境卫生、交通安全、群众便民服务需求等情况亟须改善，单纯依靠政府的力量很难全面解决这些问题，必须要发动和组织社区居民参与社区协商治理工作，激发社区居民的主体性，充分调动社区居民参与社区协商治理的主动性，一同加入问题解决的过程。在调动社区居民参与社区协商治理主动性方面，世界咖啡促动技术可以发挥重要的作用。一方面，世界咖啡促动技术促进参与者观察、发现社区中存在的问题，并通过深层次的讨论，提出可行性的解决方案，推动社区基层治理工作；另一方面，世界咖啡促动技术可促使社会工作者与居民角色的转变，社会工作者由活动的"主导者"变成"引导者"，居民由活动的"参与者"变成"主导者"，有效提高社区居民的参与和服务意识。在社区党委的领导下，TT 社区"志愿者咖啡馆"项目以世界咖啡促动技术为指导，充分挖掘社区居民、志愿者的优势，通过社会工作专业力量的介入，召集骨干志愿者，开展社区协商治理议事会，推动多元主体共同参与社区环境治理、党建爱心加油站、交通安全、公益服务等各项社区协商治理工作，不断增强社区居民的幸福感、安全感、获得感与社区归属感。

2. 应用过程

"志愿者咖啡馆"是 TT 社区志愿服务领域的亮点项目之一。"志愿者咖啡馆"简单来说就是通过几轮分组讨论，营造积极而平等的参与氛围，推动参与者梳理和聚焦社区协商治理问题，并提出解决问题的对策和建议，最终形成具有可操作性的行动方案并付诸实施的过程。一方面，会场环境尽可能布置得像咖啡馆一样轻松，比如轻音乐、茶点、鲜花等；另一方面，讨论会设定几个角色，比如有主持人控场、桌长招呼本桌伙伴、记录者在大白板上记录大家的观点。几桌人在主持人抛出的话题讨论一段时间后，可以"串"到其他桌子与其他人分享精华，最终通过文字、绘画或其他方式把集体智慧呈现给每一个人。在这里，碰撞出了一个又一个解决社区发展问题的志愿行动计划，用志愿服务力量助推社区协商治理工作。

（1）引入世界咖啡促动技术，梳理社区问题

在社会工作者的组织与引导下，TT 社区党群服务中心二楼议事厅变身"志愿者咖啡馆"，社区骨干志愿者展开了热烈的头脑风暴，这也是 TT 社区首次创新采用世界咖啡的志愿者会议形式。

此次会议主题是"发现社区问题"。第一步社会工作者把参与的志愿

者分到不同的小会议桌，每桌有 6~7 人，形成三个小组，并分别选出一名桌长、记录员与观察员。第二步确定探讨主题，每桌固定讨论一个议题。第三步自由流动，每经过一段时间的讨论后，组员就换桌参与讨论另一个议题，每个组员都有发言机会。第四步前后贯穿、观点链接，经过两轮的跨组与本组讨论，参会的志愿者纷纷提出自己的想法与建议，如"路上个别行人不走斑马线与闯红灯、骑行电动单车不戴头盔或走机动车道""社区困境家庭与特殊群体需要得到帮助""环卫工、建筑工人需要大家的关注与关爱""社区的环境卫生还需要改善与提高""独居或孤寡老人需要我们的帮助与慰问""高空抛物问题是一个需要重点关注的问题""噪声污染还有待解决""道路与照明设施还需改善"等。第五步分享成果，经过几轮的研讨，梳理出了环境卫生、高空抛物、困境人群帮扶等 8 个社区志愿者可以介入的重点问题。这些由志愿者梳理出来的服务需求，是社区基层治理工作的重要组成部分。

（2）聚焦重点问题，提出合理建议

社会工作者根据第一期的讨论成果，运用世界咖啡促动技术将在场的志愿者分成 3 个小组，确定每桌的"桌长"、记录人与观察员，第二期主要围绕"聚焦社区急需解决的社区问题并提出可行性建议"，进行两轮的跨组讨论。

此次会议主题是"聚焦重点问题"。参与人员进行了热烈的头脑风暴，通过深入讨论与交流，详细分析了社区主要存在的问题及原因，并梳理出社区亟须重点解决与关注的问题。本次会议主要开展两轮讨论，第一轮采用"问题树"的方法，引导组员通过画图的形式，逐层找出问题产生的深层原因与重要原因。在社会工作者的引导下，经过新一轮的跨组讨论，各个组员发表了自己的意见与想法，大部分组员分析了交通安全与关爱服务的重要性与必要性，最终聚焦出两个亟须介入的问题：一是"交通安全问题"；二是"环卫工人缺少关爱的问题"（如图 5-19 所示）。

图 5-19　志愿者骨干分组开展头脑风暴

　　TT 社区目前正处在拆迁重建的发展阶段，交通安全与环境卫生确实是社区协商治理中需要重点关注的议题，要解决这两个治理难题，仅仅依靠社会工作者和志愿者的力量是远远不够的，需加强多元力量的参与和合作，形成治理合力，才能有效解决以上的社区协商治理问题。经过本轮的研讨会，参与者更加深入地发现与梳理出社区存在问题的深层原因，并聚焦了亟须介入的两个社区问题，为接下来制订志愿服务行动计划奠定了基础。

　　（3）汇集智慧结晶，制订服务计划

　　针对第一、二期"志愿者咖啡馆"研讨出的聚焦问题，社会工作者再次召集社区志愿者开展第三期"志愿者咖啡馆"研讨会，本次会议的主题为"如何运用志愿服务力量解决社区重点问题"。

　　社会工作者根据世界咖啡促动技术流程，积极推动社区骨干志愿者参与本组与跨组讨论，经过两轮的讨论，梳理出几个志愿服务行动计划："入户向居民群众宣传交通安全知识""在人流较多的地方开展交通安全知识宣传""在交通繁忙路段开展常规交通文明劝导志愿服务""党建爱心加油站——煮送糖水关爱环卫工人志愿服务""节日期间慰问环卫工人、建筑工人等一线职工"，等等。针对以上服务计划，经过新一轮的研讨交流，参与人员纷纷提出自己的意见与建议，最终制订了两个志愿服务行动计划：一是组织社区志愿者在交通繁忙的路段，开展交通文明劝导志愿服务；二是每周固定时间开展党建爱心加油站——煮送糖水关爱环卫工人志愿服务活动。王阿姨表示："没想到这种志愿者会议形式这么有意思，就像家庭会议一样，过程轻松自由，环境也很温馨舒适。"李阿姨对"志愿者咖啡馆"也表达了自己的看法："这样的方式能够让大家把心里的想法轻松地说出来，效率很高。"参与的志愿者纷纷为此次会议点赞。经过本轮研讨交流会，制订出了详细的行动服务计划。

（4）收集服务反馈，完善行动措施

在系列志愿服务过程中，也存在一些需要协调和解决的问题。为此，社会工作者结合社区骨干志愿者的需求，开展了第四期"志愿者咖啡馆"研讨会。本次会议继续运用世界咖啡促动技术，会议特别之处就在于由骨干志愿者担任"志愿者咖啡馆"的主持人。经过前几期的研讨会，骨干志愿者也掌握了世界咖啡促动技术的基本要领，并能根据世界咖啡促动技术引导会议的开展。

在骨干志愿者的引导下，参与者抛出了一个话题"在交通文明劝导与关爱特殊群体过程中，我们遇到了哪些问题"，本次会议也进行了两轮本组与跨组讨论。通过认真讨论，共同商议出了在服务过程中存在的问题，"骑行电动单车居民不听劝阻""送糖水过程中，关爱群体范围过窄，人群覆盖面还不够""关爱服务的形式还可以创新改进"等。根据社区骨干志愿者的反馈，将进一步完善志愿服务行动计划，比如，针对"骑行电动单车居民不听劝阻"这一问题，社会工作者将联合交警部门开展交通安全劝导服务；针对"送糖水过程中，关爱群体范围过窄"，社会工作者将对接建筑与环卫部门，为更多的群体及时用心地送上关爱慰问；针对"关爱服务的形式还可以创新改进"，社会工作者将挖掘社区能人，邀请社区能人为一线职工提供内容丰富、形式多样的关爱服务（如图5-20所示）。

图5-20　社会工作者带领社区志愿者骨干制订行动计划

（5）总结行动效果，助推社区治理

在志愿服务计划指引下，TT社区志愿服务队组织开展了系列交通文明劝导与煮送糖水关爱环卫工人志愿服务。通过持续性交通文明劝导志愿服务，社区居民的交通安全意识得到了很大提升，此前在交通繁忙路口普遍存在不戴头盔、乱闯红绿灯的不良现象，经过社区志愿者的共同努力，提高了戴头盔率并减少了闯红灯的现象；通过系列煮送糖水送关爱志愿服务，提高了环卫工人对社区的归属感与凝聚力。

近期，运用世界咖啡促动技术与复盘促动技术，在社会工作者的鼓励与支持下，挑选一名志愿者骨干担任本次会议的主持人，分成3个小组，确定小组组员角色，并通过两轮本组与跨组的深入讨论，回顾了前期的志愿服务过程与内容，让骨干志愿者详细梳理出志愿服务的成效与不足，并提出下一步改进和优化志愿服务的"金点子"：一是扩大爱心送糖水的关爱服务对象，比如建筑工人、地铁工人、快递外卖员、工厂工人等一线职工；二是创新交通文明劝导服务形式，比如交通安全课堂、交通安全趣味闯关历奇游戏、交通安全知识竞答等新颖的活动；三是发动社区居民群众参与公益服务，联动多方力量，不断满足社区多方面的需求；四是主动挖掘社区能人，充分发挥能人优势，积极开展基层社区治理重点服务；五是通过社区志愿服务推动其他社区协商治理问题的解决。

3. 实践反思

社会工作者运用世界咖啡促动技术有效推动了社区志愿者参与社区协商治理工作，搭建了志愿者参与社区协商治理的参与平台，有效调动了社区志愿者参与社区服务的积极性与主动性，提高了社区居民群众的获得感与归属感。2022 年 8 月至今，TT 社区"志愿者咖啡馆"共举办 5 场研讨交流活动，吸引了社区骨干志愿者 100 多人次参与，参与过程中不断提升了社区志愿者的参与感。通过开展"志愿者咖啡馆"研讨会，形成 3 份助推社区协商治理志愿服务行动计划，收集了 8 个社区主要问题与聚焦 2 个重点亟须解决问题、5 个基层社区治理的"金点子"及 10 余条针对性解决办法，培育了 30 余名骨干志愿者，并累计开展 30 余场针对性志愿服务，在推动基层社区治理方面发挥了积极作用，并取得了一定的成效，得到了社区党委、社区居民群众及合作单位的一致肯定与认可。

但面对复杂多样的社区协商治理难题，如何进一步提高志愿者的参与感与主动性，如何更好地使用世界咖啡促动技术来发动与培育志愿服务力量，如何联动多方力量参与社区协商治理，如何真正地发挥出"志愿者咖啡馆"助推社区协商治理的效能，等等，仍然存在不少的挑战，需要不断地探索和实践。

（1）世界咖啡促动技术运用能力有待提升

社会工作者在应用世界咖啡促动技术过程中，技术流程运用娴熟度还不够，社会工作者未能全面考虑参与人群的特征差异，比如部分骨干志愿者年龄较大且知识储备相对较少；个别骨干志愿者年龄较小，这类群体的理解能力也相对较弱，安排其作为桌长或者进行三轮本组或跨组讨论，以致讨论效果不佳；另外，促动技术的应用较为单一，在研讨会中仅使用了世界咖啡促动技术，而其他促动技术没能很好地融会贯通，比如群策群力、开放空间、欣赏式探询、未来探索、复盘等，这些促动技术也可以根据活动的需要综合灵活使用。下一步将通过以下三个方面进行改进：一是结合参与者的特征与需求，合理安排参与者分组，准确地划定组员角色，根据需要适时调整促动技术流程，提升研讨交流的效果。二是在应用世界咖啡促动技术过程中，结合研讨会的内容与特点，组合使用多个促动技术和流程，充分发挥促动技术的效能，以提高参与者的积极性与主动性，以期实现活动的预期效果。三是社会工作者需不断地深入学习世界咖啡促动技术的使用和实践的方法，充分发挥出"志愿者咖啡馆"的优势，进而达到"多角度集思广益，有效达成共识，自动自发承诺执行"的实际效果。

（2）社区治理参与主体有待拓展

社会工作者在运用世界咖啡促动技术中，参与的人群主要包括社区骨干志愿者、高等学校师生志愿者、驻社区共建单位党员志愿者等，而社区的企业、商户、能人等相关的社群没有充分联合起来，社区协商治理未能真正实现多元主体共建共治的局面。另外，"志愿者咖啡馆"研讨会的人群也主要针对社区骨干志愿者，社区普通志愿者与居民参与度比较低，在讨论问题解决方案时，因参与人群比较单一，研讨出来的行动方案不够全面。接下来，社会工作者将从以下三个方面开展工作：一是加强与社区党委的沟通交流，邀请社区党委加入"志愿者咖啡馆"研讨会，积极寻求社区的支持与帮助。二是在大型或重要节日活动期间，社会工作者应积极邀请社区能人、商企代表、物业代表等社群，鼓励他们主动加入社区志愿服务共建联盟队伍，为基层社区治理建言献策，提高他们对社区的归属感与凝聚力。三是加强"志愿者咖啡馆"的宣传力度，定期在人流较多的公园、商场等公共场所开展外展宣传活动，吸引社区居民主动加入研讨交流会，携手共同推动社区协商治理工作。

（3）技术流程学习环节有待加强

社会工作者在开展"志愿者咖啡馆"研讨会过程中，未特别重视志愿者对于促动技术流程内涵的学习，导致志愿者没能真正充分理解和掌握世界咖啡促动技术的步骤与要义，因此，在会议中出现角色比较混乱，跨组讨论不顺畅，自由讨论时间把控不严格，活动主次不分明等问题。另外，在换桌交流讨论过程中，志愿者没完全明白换桌讨论的目的与意义，致使活动过程中的讨论内容没有达到预期效果。为真正发挥世界咖啡促动技术的效果与作用，社会工作者将从以下三个方面进行努力：一是在开展"志愿者咖啡馆"研讨会活动中，需向参与者详细解读世界咖啡促动技术的基本内涵与过程，说明活动中不同角色的作用，以及跨组讨论的目的及意义，充分调动志愿者的主动性与积极性，循序渐进引导和鼓励他们充当主持人，以主人翁的姿态参与社区协商治理。二是继续加强世界咖啡促动技术的运用，在实践中不断地反思、总结与改进，并在新一轮志愿者参与社区协商治理服务更新迭代过程中积累经验。三是积极寻求督导专业支持，解答世界咖啡促动技术应用过程中存在的疑惑与问题，认真听取专业人员的意见与建议，发挥出世界咖啡促动技术在社区协商治理中的最大功效。

五 群策群力促动技术在社区协商治理实践中的应用案例研究

案例 5.1

群策群力促动技术在社区环境治理中的实践与反思
——以 SH 新村共建文明友好家园项目为例

1. 案例背景

坪山区根据《中共中央　国务院关于加强和完善城乡社区治理的意见》和深圳市积极构建以人民为中心的党建引领基层治理体系、深圳市创建全国文明城市，争创全国文明典范城市的意见，落实把更多资源、服务、管理放到社区的要求，BL 街道决定在 SH 新村开展综合治理试点工作，打造基层党建、民生服务、社会综合治理"多网合一"的共建共治共享社会治理模式，营造安全、舒适、睦邻、和谐的社区居住氛围。

SH 新村有一支 600 余人的志愿者队伍，其中包括 100 多名活跃志愿者骨干，他们乐于参与社区事务，也有发现社区问题的能力，但缺乏一个参与社区治理的平台。而在创建文明城市及整村统筹的大环境下，SH 新村存在一定的安全隐患，社区环境也存在脏乱差的现象。如 SH 新村的电动单车、机动车乱停放，垃圾不分类，衣物乱晾晒等问题。基于此，SH 新村社区党群服务中心（以下简称中心）根据政策文件要求，在社区党委领导下，以党员为先锋，以社区志愿者为主力，以社会工作者为技术保障，以其他社区单位或个人为重要支持，构建"一核多元"基层社区治理组织体系，通过"基层社区治理群策群力议事平台"，推动志愿者骨干积极参与"共建文明友好家园"项目。

2. 应用过程

群策群力促动技术是帮助组织创建一种每个人都开始积极参与，每个人的想法都开始被注意，社会工作者更多的是促动参与者，而不是控制参与者的文化。群策群力促动技术作为一项指导议事协商活动取得理想效果的技术，具有一套完整的技术流程，一般情况下包括聚焦问题、现状分析、集体承诺、团队共创、行动方案、城镇会议等流程。随着基层治理工作的逐步深入，社区议事协商机制得到了进一步的延伸，越来越多的社区社会组织、志愿者、居民等群体代表参与群众关心的议事协商服务。

为了进一步提高社区志愿者骨干参与基层社区治理的积极性和参与效果，构建人人有责、人人尽责、人人享有的基层社区治理共同体，社会工作者在社区党委的指导下，组织实施 SH 新村共建文明友好家园项目。项目根据党建引领基层治理要求，创新群策群力基层社区治理服务模式，以群策群力促动技术为议事协商流程和工具，将 SH 新村环境治理问题纳入议事协商主题，发掘和培育志愿者骨干，组织社区党员、志愿者、居民代表等志愿者骨干参与议事协商活动，发挥集体智慧，共同探索解决问题的方法和途径，实现民事民议、民事民办、民事民管的社区治理格局。

（1）聚焦问题，描绘愿景

在项目开始之初，社会工作者邀请志愿者骨干积极参与项目，培养志愿者骨干发掘社区问题和居民需求的能力，引导各类志愿者骨干积极参与社区公益服务，并组建一支乐于和善于建言献策的志愿者骨干队伍。为聚焦问题，社会工作者推动志愿者骨干在公益服务中参与社区问题和居民需求的调查，在社会工作者发掘的社区问题和居民需要的基础上，进一步了解和掌握社区发展的问题和群众的需要。志愿者骨干发现，SH新村作为社区文明创建的重要场所，存在电动单车乱摆放、不文明养犬、衣服乱晾晒等问题，这些不文明现象，给社区的安全环境、友好建设造成一定的影响。

为明确项目发展方向，在第一次议事协商活动中，社会工作者通过基层社区治理群策群力议事会，邀请志愿者骨干将前期的调研工作进行汇总讨论，现场与会志愿者骨干畅所欲言，通过分组讨论、卡片法收集反馈信息、整合分析、总结汇报等流程，将发现的社区问题进行总结，最后聚焦到SH新村车辆乱停放、衣服乱晾晒、垃圾不分类、消防通道安全隐患等社区环境治理问题，再描绘真实、积极、感性、具体的服务愿景。为此，在议事协商活动中，志愿者骨干将相关问题聚焦于发现的问题和需要，并提出"共建友好环境、营造文明社区"的社区治理愿景，以此聚焦问题的解决（如图5-21所示）。

（2）剖析现状，了解原因

在第二次议事协商活动中，社会工作者带领志愿者骨干运用SWOT方法进行现状分析。具体做法包括：一是了解，社会工作者通过举例说明介绍现状分析工具，让志愿者骨干了解工具的概念和意义，引导志愿者骨干认识工具的使用方法和注意事项，深化理解；二是实践，推动志

图 5-21 参会人员分组汇报议事协商成果

愿者骨干围绕现状分析的四个维度对共建友好环境、营造文明社区这一议题展开讨论，强化工具的使用，保障分析的效果；三是汇总整理，深度剖析项目的优势、劣势及机遇与挑战。志愿者骨干针对每一个环节，畅所欲言，得出以下结论：其一，在优势方面，中心存在一批热心的志愿者骨干队伍，他们愿意参与社区的共建友好环境、营造文明社区；拥有专业的社会工作者队伍和人才，可以带领志愿者骨干开展专业服务。其二，在劣势方面，这些志愿者骨干缺乏相关的专业技能和知识；志愿者骨干队伍还不够庞大，参与不够积极等。其三，在机遇方面，有相关部门、相关文件的支持与指导；社区党委、小区物业等十分重视社区文明友好环境的建立。其四，在挑战方面，其他社区都在做相关的服务，本项目的亮点在哪里；SH 新村居住居民较多，如何做到人人知晓等。大家撸起袖子加油干，力求合理发挥项目优势、利用机遇，结合社区的现状和服务需求，实现项目的目标。

（3）激励承诺，共同参与

在第三次议事协商活动中，社会工作者引导志愿者骨干一起讨论描绘 SH 新村环境治理后的美好憧憬，并做好承诺。第一，强调和完善目标，描述愿景，议事协商讨论得出：项目主要服务范围是 SH 新村，以共同建设文明友好的家园为愿景，让70%的 SH 新村居民形成规范电动单车摆放、衣物晾晒、垃圾分类等习惯，共创文明小区。第二，确定庆祝方式，志愿者骨干表示可以通过点赞发视频感言的方式庆祝项目的完成。第三，娱乐性惩罚措施，若是社区问题或小组制订的计划未能完成，将会执行事先制定的惩罚措施。现场讨论中，志愿者骨干最后定出时数兑换、团建、表彰等奖励方式，以及弹脑门、捏耳朵等娱乐性的惩罚方式。第四，承诺签名确认，该行动代表每一名志愿者骨干对此激励承诺表示认可，签名可以进一步巩固解决问题和完成任务的信心和决心。志愿者骨干参与基层社区治理是基于对团队承诺的实践，共同作出团队承诺，有利于激发其实现目标的信心和动力，有利于增强志愿者骨干社区治理的参与感。在议事协商活动的尾声，志愿者骨干对文明劝导、垃圾分类等的目标、任务、奖惩措施一一列明，让社区的环境更美好，居民懂得垃圾分类、规范摆放电动单车等，并通过表决通过，统一签名表示认可，齐头并进，共同参与，向着目标前进。

（4）团队共创，汇聚能量

团队共创，是将目标转化为行动计划的关键行动，包括头脑风暴、分类组合、提炼共性、形成系统等步骤。在第四次议事协商活动中，立足 SH 新村的衣物乱晾晒、电动单车乱停放、安全通道杂物堵塞等现状，社会工作者引导志愿者骨干进行团队共创。议事协商活动分组进行，选取组长、记录员、汇报员，将讨论内容通过头脑风暴讨论对策并汇总展示。志愿者骨干将想法写在便利贴上，再进行分类组合，将意思相近的行动贴成一列，意思不同的横着贴，然后提炼中心词，通过命名形式得出行动策略。最后，针对车辆乱停放治理，形成以下几个策略：一是对线画标，划分机动车、电动单车停放位置，做好标识指示；二是劝导指引，引导居民正确停放；三是及时表扬，在居民群发送优秀的行为作为示范案例，引导大家效仿。而针对衣物乱晾晒问题，形成以下几个策略：

一是了解小区可划定为晾晒区的地方，做好晾晒区的建设和标识指引；二是宣传文明晾晒，将晾晒区域及时告知，让居民知晓；三是执行监控，对做得好的及时表扬，做得不好的及时劝导。通过入户宣传、身体力行示范、一对一当面告知等行动执行好相应决策。在这一过程中，社会工作者有效推动所有人积极思考和表达，充分发挥集体智慧和力量，最终取得所有人的认同，为下一步制订完善的行动计划和实践行动奠定良好的基础。

（5）制订方案，团队协作

在第五次议事协商活动中，志愿者骨干在社会工作者的引导下，进一步完善相应的行动计划方案，包括谁来执行、所需资源、行动频率、行动负责人等信息，最后汇总成完整的可执行、可实现的行动计划。在志愿者骨干议事协商过程中，社会工作者将志愿者骨干分成不同的小组，针对车辆乱停放、衣物乱晾晒、安全通道堵塞等问题进行讨论，由小组长带领大家制定行动策略目标，再汇总计划、优化行动。针对安全通道堵塞问题，形成以下方案：首先，志愿安全员每周定期巡查 SH 新村各个楼栋的过道、阳台是否有堵塞通道，小区各楼栋之间的通道是否被占用等，通过拍照、文字记录等方式形成佐证资料；其次，通过敲门入户、小区出入口语音循环播放、因堵塞安全通道造成重大危害的反面视频宣传等方式对 SH 新村居民进行宣传，让大家了解安全通道畅通的重要性；最后，开展安全逃生演练等活动，让居民在演习中了解疏散通道和注意事项。同时，志愿者骨干将具体方案中志愿者能做的方案分别列出，做不到的需要支持的方案汇总信息。这些信息主要包括志愿者行动计划、提交街道和社区的政策意见、进一步形成民生微实事项目等。项目充分运用社区自身的力量和资源化解社区问题、满足居民需求，引导志愿者骨干从"要我做"向"我要做"转变，培养社区参与主人翁意识。

（6）行动决策，落实方案

在第六次议事协商活动中，志愿者骨干分享和汇报议事协商成果，介绍解决社区问题的行动方案，邀请街道相关部门代表、社区党委代表、资深社会工作者和居民骨干等人员组成决策小组，通过问答的形式，引导志愿者骨干深入思考，探索解决问题的最佳途径。有议有决、有决有行，项目梳理出社区环境安全、交通文明出行、文明生活指引等相关议题，通过讨论和表决具体形成以下执行方案。一方面，成立多支社区志愿服务队。亲子志愿服务队定期开展文明交通劝导指引车辆停放活动，巾帼志愿服务队定期开展垃圾分类、高空抛物文明倡导等宣讲活动，逐步感化每位社区居民，让社区居民有意识地将文明内化到日常生活。另一方面根据议事协商决议和成果，将服务所需支持和资源上报社区党委，获得其支持。

而志愿者骨干定期执行三项服务。其一，在文明劝导服务中，发动党员、志愿者服务社区居民，为居民提供车辆规范停放、文明养犬指导、垃圾分类宣传服务等，指引居民共创文明美好家园。其二，在入户宣传中，形成系统的垃圾分类、高空抛物、安全环境等宣传手册，对志愿者骨干进行培训指导，清理衣物晾晒区域，了解安全逃生通道指引，再到小区进行宣传倡导。其三，在环境安全服务中，系统整理折页、视频、音频等信息，开展消防安全演练等服务（如图5-22所示）。

图5-22　社区志愿者开展清洁家园活动

3. 实践反思

SH 新村共建文明友好家园项目现建有一个 60 人的社区志愿者骨干资源库，共开展服务 20 余场，服务社区居民 1000 余人次，孵化形成 3 支不同服务领域的志愿者骨干队伍。通过基层社区治理群策群力议事协商平台，探索社区问题和群众需求解决方案，广泛参与文明倡导宣讲、安全环境营造等志愿服务，使 SH 新村展现美丽、安全、卫生的小区文明友好环境。项目共发表报道 40 余篇，其中市级以上媒体报道 20 篇，区级以上媒体报道 25 篇。同时，项目通过微信群、朋友圈等渠道，宣传志愿者骨干参与基层社区治理事迹，树立一批有影响力的志愿者骨干模范榜样，影响更多的人加入社区治理队伍。在党委领导、社会工作者协调、志愿者骨干广泛参与下，项目取得了一定的成效，但也存在一些不足，如群策群力的议事协商机制有待完善、社区环境治理痛点亟须解决、社区治理专业路径需进一步探索等，需要及时反思改善。

（1）群策群力的议事协商机制需进一步完善

社会工作者主要针对社区关注的问题和需要，依托中心，搭建基层社区治理群策群力议事协商平台，通过群策群力促动技术，充分激发志愿者骨干的智慧和力量，将社区问题和需要转化为政策意见、志愿服务方案、民生微实事项目等议事协商成果，最终实现化解社区问题、满足居民需求的目的。群策群力促动技术作为企业管理技术，在社区治理和议事协商服务中，是一种新的探索和尝试，因此在运用过程中也展现出一些问题，例如参与群策群力议事会的志愿者骨干成员不稳定、议事协商过程中容易偏题、议事协商成员发言不积极等。以下是几点改善建议：其一，通过激励机制，提升志愿者骨干的积极性和稳定性，如街道层面有推进志愿者服务的积分奖励和表彰，社会工作者可积极对接 BL 街道"大义工中心"并引导志愿者骨干积极参与街道志愿服务，注重成员的过程参与，激励志愿者骨干在更大的平台为社会作出贡献，从而激发志愿者骨干活力；其二，聚焦议事协商主题和目标，及时强调主题内容，并充分做好解释说明工作，力求每个团队成员都理解议题的要点；其三，进一步简化群策群力促动技术，使用参加者容易理解的语言和流程，提高志愿者骨干的参与度，例如将"SWOT分析"改为"问题原因分析"、"激励承诺"改为"共同愿望"等参加者理解的语言。

（2）社区环境治理痛点亟须进一步解决

社区环境治理过程中面临很多痛点、难点，特别是居民的意识和行为的改善，是项目的痛中之痛。在项目执行过程中，总会出现屡教不改的车辆乱停放、垃圾乱扔、堵塞安全通道等行为，让初见成效的社区环境改善面临新的挑战，产生环境治理难等印象，也对志愿者骨干的积极性有一定的打击。为进一步解决这个问题，可从以下几点进行完善：第一，邀请个别"屡教不改"的居民成为项目的成员之一，通过以教导学习为由邀请其参与服务宣传，如邀请乱停放车辆的居民参与文明停车劝导服务，在志愿服务的过程中，熟悉车辆停放的正确位置和方法，同时加深印象，逐渐提升其个人认识，并形成改善的具体行动。第二，通过榜样示范作用，带动居民传帮带，以榜样示范带动居民形成"肌肉"记忆，转变良好的行动，让每个团队成员参与其中，有参与才有意愿，有贡献才有成就感，参与感的建立在整个过程中都很重要，要不断地引导团队成员参与其中，表达想法。第三，发挥多元主体主人翁意识，形成协同效应。现有社区治理中，多数居民觉得社区治理是社区的事、是物业的事，与自己无关。项目应在服务的过程中，注重主人翁意识的引导与强化，让更多的居民参与其中，充分发挥多元力量的优势，深化社区治理服务。

（3）社区治理专业路径有待进一步探索

中心秉承党建引领专业社会工作，动员社区力量和资源，参与基层治理和群众服务的理念，开展各项特色、重点服务。基层治理服务始终坚持党建引领原则，有助于进一步加强党和群众之间的联系，保障基层治理服务有效开展，但社会工作作为一门专业，在基层治理服务中其专业性还有待加强，主要可从以下几个方面入手：一是坚持党建引领，以社区党委为核心，保障服务的执行，有效地统筹各方资源，以政策为指引推动专业项目执行。如志愿者骨干不能直接做到的，可通过社区党委，寻找解决方案，推动基层社区问题的解决。二是引入资产为本的社区发展模式，充分发掘和调动社区党员和志愿者等志愿者骨干力量，激发志愿者骨干参与社区治理的意识和积极性。同时，优化和完善群策群力促动技术、罗伯特议事协商规则和世界咖啡促动技术等在社会工作领域中的运用，提升基层社区治理议事协商服务效果。三是将志愿者骨干能力提升融入议事协商活动中，在议事协商过程中将相关技术能力和技巧传递给志愿者骨干，改变传统的志愿者骨干培养方式。让志愿者骨干自己决定社区治理服务的主题和目标，通过议事协商服务不断优化行动计划，践行服务计划，同时调动志愿者骨干队伍积极参与，打造舒适安全的生活环境，构建人人有责、人人尽责、人人享有的 SH 新村基层治理格局。

案例 5.2 ●··

群策群力促动技术在社区文化治理中的应用
——以 TX 社区红色文化保育项目为例

1. 案例背景

党的十八届三中全会首次提出了"社会治理"概念，社会治理概念不断被创新运用。《中华人民共和国国民经济和社会发展第十四个五年规划和 2035 年远景目标纲要》中明确指出："完善文化管理体制和生产经营机制，提升文化治理效能。"这是"文化治理"一词首次出现在党的正式文件当中，近些年"文化强国""文化自信"等热词也不断出现，党和国家将文化治理放在社会治理中相当重要和独立的一环。2015 年社会工作首次被写入政府工作报告以来，社会工作就多次出现在中央政策文件、政府工作报告中的"社会治理"模块（周文坤 等，2022）。近年来，社会工作者以专业服务参与社会基层治理，扮演着服务提供者、资源链接者、政策倡导者等多种重要的角色并发挥积极作用。TX 社区有着丰富的红色资源，辖区的"水源世居"是闻名中外的文化名人大营救重要接待站，承担着人员中转、休整、补给等重要任务，茅盾、邹韬奋等多位民主爱国人士、文化名人经这里顺利到达大后方。这里被规划为东纵精神红色公交专线的终点站，并被规划为爱国主义教育基地。TX 社区未来将会发展成高新南片区，近些年的拆迁、地铁 16 号线的建设与开通造成人口不断"流入""流出"，也给文化保育与社区协商治理带来了一定的挑战与新发展机遇。一方面，城市化进程使得社区文化趋向多元化，也带来更多优秀的社区能人，社区单位、商家以及企业等资源也会逐渐丰富，这是城市化带来的优势与机遇；另一方面，人口流失以及外来文化也会对本土文化产生冲击和影响，人口结构复杂也会产生一定的社区安全、邻里关系、社区融合等多种问题，给社区协商治理带来一定的困难与挑战。因此，TX 社区需要在城市化进程中，保留住本土红色文化的"根"，通过文化型社区协商治理的形式，以优秀的本土红色文化凝聚人心，带动社区群众参与社区协商治理，促进社区红色文化传承与营造，以文化推动社区发展。

2. 应用过程

群策群力促动技术包括计划、引导、执行三个阶段。社会工作者结合促动技术每阶段工作重点，层层递进地开展社区协商治理工作。在计划阶段，社会工作者组建核心小组，组织小组成员设计议事会规则与流程以及分析社区背景。社会工作者与小组成员共同分析了项目发展的优劣势。在引导阶段，社会工作者采用头脑风暴的方法，组织志愿者分析社区资源与服务现状，共商共议红色服务，并列出行动计划。在实施阶段，开展文化治理服务，促进社区群众参与红色文化传承。社会工作者组织志愿者策划开展红色历奇服务，打造红色小剧场、红色故事有声作品等可视化成果，并及时总结反思，思考项目的下一步改进策略。社会工作者通过运用群策群力促动技术，推动社区协商治理发展，促进社区红色文化传承与保育。

（1）组建核心团队，设计服务流程

社会工作者对近些年服务进行回顾，发现红色文化保育服务项目虽然取得一定成效，但项目发展存在一些困难，导致发展停滞不前。第一，TX社区群众参与文化传承意识较低，目前只有少数群众参与项目。第二，社区群众参与文化社区协商治理渠道比较匮乏。经过社会工作项目团队讨论，邀请活跃的社区志愿者骨干组成核心小组成员，参与项目的第一次碰面会。会议上，社会工作者与小组成员共同探讨项目服务目标，希望通过项目服务打造一批红色文化体验课程以及可视化成果，培育一支活跃度高的红色文化志愿者队伍。社会工作者与小组成员共同商讨了服务流程，计划通过议事会、服务执行、回顾总结三个板块展开工作。小组成员为议事会取了一个符合社区特色的名称"红色议事会"，制定了主持中立、不批判、不攻击、不跑题、不打断、机会均等议事协商规则，并列出了议事会开展的主要流程，包括议题阐述、展开讨论、梳理分类、行动计划等（如图5-23所示）。

图5-23　社会工作者带领社区志愿者开展红色议事会

本次行动是群策群力计划阶段，此阶段的重点工作主要是明确群策群力需要讨论的问题以及参与者，并且让参与者了解需要做的工作以及承担的角色。在本阶段，社会工作者与社区志愿者共同确定项目服务目标、设计服务流程，营造了自由、平等、真诚的沟通环境，让社区志愿者勇于表达自己的想法，促使志愿者与项目服务之间产生联结，增强其参与项目服务的动力，也让志愿者为后续群策群力做好充分的准备。

（2）梳理社区资源，分析服务现状

社会工作者与小组成员根据上次制定的议事会规则与流程开展了第一次议事会。社会工作者首先通过互动询问小组成员对社区历史了解程度，有部分成员提到社区现存的红色景点，但对社区的历史并不是很清楚。社会工作者详细介绍文化人士大营救的历史，帮助小组成员了解社区的红色历史背景，并组织小组成员梳理社区资源。议事会上，小组成员提到了社区现存的红色建筑（如水源世居、南中学堂等）、革命战士、党群服务中心、社区志愿者以及近些年打造的可视化成果（如红色书籍、钥匙扣、明信片、社区地图等）。社会工作者与小组成员将社区资源分成人、文、地、产、景等类型，形成社区资源清单。最后，社会工作者与小组成员共同回顾了近些年的服务开展情况，分析现有的服务内容与成效，如红色故事会、红色历奇、红色志愿服务队等都有持续开展且取得成效，其中历奇服务尤其吸引儿童青少年，但是也发现项目缺乏可视化成果。因此，大家一致认为需要再深入探讨和规划一些传承红色文化的服务。

本次议事会采用了欣赏式探询促动技术，改变了以往从问题出发看社区的角度，带领志愿者从欣赏角度构建社区美好未来。志愿者通过学习社区红色历史、分析红色资源以及现阶段开展过的红色文化服务，不仅帮助小组成员深入了解社区历史背景，产生对红色文化、对社区的认同与归属感，也了解了目前的服务状况并初步思考了服务规划的方向。

（3）学习议事流程，共商共议共治

社会工作者组织10名青少年志愿者围绕"如何传承红色文化"开展一轮头脑风暴。议事协商中，社会工作者与青少年志愿者共同学习议事协商规则和流程，由社会工作者阐述议题，由志愿者轮流口述展开讨论。志愿者提出了"红色展览""诗歌创作与评比""编写红色书籍""红色音乐会""红色故事有声作品""红色剧场"等17个点子。接着，社会工作者再次强调不批判的规则，鼓励志愿者踊跃表达，并给志愿者发放便利贴。第二轮头脑风暴，志愿者提到"参观红色地点""做红色手工""制作红色路牌""玩红色游戏与听红色故事结合"等新的想法。经过激烈的讨论与头脑风暴，黑板上满满都是志愿者团队共创的成果。社会工作者依次念出讨论的内容，并与志愿者共同分类梳理成多媒体宣传、比赛、可视化成果、体验式服务、红色地图与路牌、红色展览6类。社会工作者与志愿者选择"体验式服务"以及"可视化成果打造"，计划开展一期红色历奇服务，并打造红色故事有声作品、红色剧场等可视化成果。

本次议事会是群策群力引导阶段。社会工作者首先介绍本次议题、议事协商规则和流程，帮助志愿者掌握社区议事协商的规则和流程。接着，使用"头脑风暴"的方法让参与者集思广益，并对其想法分类陈列，选取3个值得实现的点子。群策群力促动技术改变了以往座谈会中志愿者沉默、不敢发言等弊端，充分提升了志愿者社区协商治理参与的意识和能力，初步搭建起社区议事协商的平台。

（4）推进特色服务，保育红色文化

群策群力议事协商成果并不是终点，而是一个新的起点。根据前期讨论决定实施的3个点子，群策群力小组要将想法变成现实，还需要更详细和完善的计划保证群策群力的实施。在"可视化成果打造"行动中，社会工作者组织10余名社区党员志愿者、社区志愿者、社区居民以及编剧老师开展议事会，深入了解社区红色历史，并分享对剧本的初步想法。大家提到剧场需要有历史重现、文化传承等内容体现，在主角选择上可以选取文化名人以及社区本土人物，精神上表达敢于牺牲、勇于斗争的精神。经过社会工作者与志愿者们对书籍故事以及剧本进行完善，暑期组织50余名儿童青少年开展红色故事有声作品、红色小剧场等培训，打造了红色故事有声作品3个、红色小剧场视频1个。

在"红色历奇"行动中，社会工作者组织 11 名志愿者策划一期"红色历奇活动"。议事会首先由社会工作者阐述议题，并将志愿者分成 2 组讨论。志愿者经过小组讨论，碰撞出 39 个点子。然后，社会工作者邀请每组派代表上台阐述小组对这 39 个点子的看法并进行分类，梳理成开场、主题游戏、总结分享三大板块，从 39 个点子里面挑选了活动介绍、热身游戏"丢手绢"、"党史飞行棋"、"穿越雷阵"、"合力建塔"、总结分享等内容，设计了一套完整的活动内容与流程。最后招募了 30 名儿童开展红色历奇活动，将大家的行动计划落实。活动中，志愿者们各自负责活动主持、规则讲解、游戏带领、秩序维持等多个方面。

社会工作者通过群策群力促动技术带领志愿者组织策划红色历奇与打造红色可视化成果，将群策群力的想法转化为成果，不仅提升了志愿者的社区参与能力，同时也促进社区红色文化传承与保育。

（5）回顾项目服务，形成改进策略

群策群力的执行阶段，对于项目实施成效的监控与评估是十分重要的内容之一。为了检视群策群力促动技术对社区协商治理的成效，社会工作者组织 14 名青少年志愿者开展复盘活动（如图 5-24 所示）。活动中，社会工作者带领青少年志愿者运用复盘促动技术，通过"回顾重点工作、对比设定目标、分析差距原因、形成改进策略、制订行动计划"等步骤展开激烈讨论。讨论中，工作人员与志愿者回顾本年度红色品牌服务开展的重点工作有红色故事会、红色历奇、红色小剧场、红色议事会、红色故事有声作品、红色手工等 12 类服务。接着社会工作者与志愿者分析项目目标目前基本达到，但是仍然存在不足之处，如活动形式比较枯燥、缺乏核心骨干和定期参与服务的红色文化志愿者、可视化成果种类不够丰富、项目宣传不足等。接着志愿者提出与当代潮流结合、剧本杀、拍照打卡、赏析红色舞蹈、赏析音乐以及英雄人物生平事迹、定制小纪念品（如钥匙扣、帆布包）等改进策略。最后，社会工作者与志愿者共同梳理行动计划，计划下一年度继续落实执行。

本次复盘会议，营造了"坦诚表达、实事求是"的良好氛围，给予

图5-24 社会工作者组织志愿者开展项目复盘议事协商活动

志愿者充分的表达机会，同时也总结了过往的服务经验，鼓励工作人员与志愿者不断进行优化和改进，提升项目成效和影响力，从而进一步推动社区红色文化保育。

3. 实践反思

社会工作者运用群策群力促动技术推动 TX 社区的"红色文化治理"工作开展，搭建了社区协商治理与能力发展的平台，让志愿者、群众的个人能力得到提升和发挥，让每个社区居民都有机会参与社区协商治理，增强社区群众、志愿者的参与意识和社会责任感。同时，这种形式的议事会像是一次特殊的"团建"，营造了自由、平等交流的环境，改变了以往议事会中沉默寡言的现象，促进志愿者与群众之间的互相交流以及情感联系，逐渐将社区群众、志愿者队伍凝聚起来，共同打造和宣传红色文化，促进社区红色文化传承与发展，共建共治共享一个有文化、有温度的美好家园。但是促动技术运用过程中，也存在几个方面的问题，比如促动技术工具不够精简、文化社区协商治理队伍专业能力有待提升、多元主体未能充分联动起来，这需要社会工作者对技术运用进行深刻反思并及时改进，从而以更优质的服务和更高效的社区协商治理方法推动社区发展。

（1）群策群力需要精准精简

社会工作者运用群策群力促动技术发现不同年龄段的参与者理解能力、知识水平、过往经验不一致，加上目前使用促动技术工具专业程度高，所以议事协商过程中会出现参与者难以理解或者提出与自己喜好相关的建议等情况，从而导致"不知道如何表达""站在自己角度想问题""梳理行动计划困难"等问题。针对此情况，社会工作者可以通过两个方面进行解决。一方面是对参与者分层分级管理。针对社区整体服务的，可以邀请多个年龄段代表参与，针对个别化人群服务规划，可以邀请对应年龄段的志愿者参与，这样不仅能精准把握该人群的服务需求，也有利于社会工作者使用符合该人群的促动技术和语言表达，便于志愿者理解和参与讨论。另一方面是优化促动技术的工具。目前项目所使用的促动技术工具套表过于烦琐和复杂，实际使用发现不利于参与者理解和现场讨论。社会工作者一是可以根据社区实际情况针对个别套表专业词汇多、烦琐复杂的工具表格进行修改完善，制定一份精简且专业的工具套表，或者可以根据不同人群使用不同的工具套表，如老年和儿童青少年等人群理解能力有限，可以制定单独的套表；二是社会工作者提前准备好套表解说词或活动带领提纲，现场口头转化成通俗易懂的语言来对服务对象进行详细讲解。通过精准的服务人群、精简的促动工具将利于社会工作者运用促动技术，精准开展社区协商治理工作，有效提升社区协商治理效率与质量。

（2）文化治理需要提质增能

社会工作者运用促动技术推动群众参与社区议事协商，给社区协商治理带来了发展与活力。文化治理现代化需要保证群众的有效参与，因此项目需要培育一支高质量的文化治理队伍作为专业保障。为了能更好地推动社区协商治理，应该提升文化治理服务质量和队伍人员能力。一是加强社会工作者专业知识学习，提升服务质量。通过促动技术、社区协商治理等相关主题的专业培训、行业交流、机构内部交流学习小组等，加强对促动技术的研究学习以及经验总结，形成一套科学、可借鉴的社区协商治理模式，有效提升社区文化治理服务的质量。二是加强核心骨干的培养，增强个人能力。社会工作者一方面可以通过开展系统的培训，带领社区骨干学习议事协商规则和流程、参与议事协商、策划开展服务、管理志愿队伍，培养一批可以定期参与活动的红色文化志愿者，并通过日常服务开展、个别化督导等方式着重培养至少 2 名队长；另一方面可以完善社区协商治理激励的制度措施，比如定期组织团建、表彰、交流会等服务促进骨干成员之间的交流学习，对其给予尊重以及赞扬，这样不仅能提升骨干成员参与的信心和成就感，让其更有意愿和动力参与社区协商治理，充分的交流也能增强治理队伍的凝聚力。通过对社会工作者和骨干成员进行专业的培训与激励，能够提高社区协商治理服务质量，提升社区文化治理队伍能力，进而推动社区文化治理的可持续发展。

（3）多元主体需要联动联结

多元力量参与有利于推进文化治理现代化，构建社区文化传承的"良好土壤"。社会工作者在运用群策群力促动技术时发现，参与的人群以社区党员志愿者、社区老年志愿者、社区巾帼志愿者、社区青少年志愿者等群体为主，社区的单位、企业、商户等利益相关方未能联动起来参与其中，文化治理未能实现多元主体共治的局面。因此，社会工作者可以从以下几个方面进行改善。第一，善于挖掘资源，厘清资源类型。随着地铁的开通，社区未来将会进驻更多的资源。社会工作者要加强社区走访，善于挖掘社区资源，厘清资源类型以及资源能够提供的支持与服务，并及时梳理更新资源清单。第二，加强沟通合作，紧密联结资源。社会工作者积极与水源世居、南中学校等辖区单位沟通，寻求合作机会。如组织社区志愿者在社区红色地标为参观团队提供红色文化体验服务、红色文化讲解服务等。除此之外，还可以为社区单位、党组织策划开展党建、结对共建、红色路线打卡等服务，为社区商家提供富有社区特色的文创产品及宣传品等。第三，搭建议事协商平台，多方力量参与社区文化治理。社会工作通过议事会、座谈会等形式组织辖区单位、企业、商家进行交流，运用群策群力等促动技术推动利益相关方参与社区文化治理，可以创造文化传承的"良好土壤"。多元主体不仅有利于集思广益、资源共享，也有利于项目的宣传与发展。社会工作者通过联动社区多元主体力量，运用群策群力促动技术，可以将多方联结成社区协商治理的"支撑网"，从而打造社区协商治理"多元共治"的局面。

六　其他相关实践中应用案例研究

案例 6.1

社会工作服务检讨反思中复盘促动技术的运用

1. 案例背景

社会工作作为专业性、实践性和反思性都非常强的专业，在实践过程中需要时刻不断反思目标达到及实践成效。然而，在社会工作者开展服务实践反思的过程中，难免存在一些不足之处，如服务检讨不深刻、反思流于形式、走过场，不能有针对性地对服务目标进行有效的分析和评估，等等。导致此现象的原因林林总总，但笔者认为最为重要的原因之一就是社会工作者没有找到合适的服务检讨反思工具，未能有效引导员工参与服务检讨反思的过程。在此，笔者将介绍促动技术中的复盘促动技术，供社会工作同人在服务检讨反思中借鉴和运用。

2. 应用过程

复盘，是管理实践中应用最广泛的工具之一，又称 AAR（After Action Review），是指行动后反思，或事后回顾、行动后学习等。复盘共分为以下几个步骤，即回顾目标、评估结果、分析原因、总结规律以及制订行动计划。复盘促动技术运用于社会工作机构的服务检讨反思，最重要的目的就是强化目标，学会量化和跟催社会工作服务进度；避免失误，不能一而再、再而三地犯同样的错误；复制技巧，传承成功经验和提升社会工作者的能力；发现规律，总结服务规律和固化专业服务流程。简言之，就是为了回顾年度目标达到情况，及时分析原因，总结经验，规划未来。

（1）回顾预设目标

所谓回顾目标就是回顾社会工作服务计划中的预设目标是什么。换言之，就是重温服务计划中期望达到的正向的改变、结果或影响。目标可分为总目标和具体目标。在服务检讨的过程中，复盘引导者可以先带领大家回顾目标，让每一个参与服务检讨和反思的人都清楚知晓和了解当初设定的基线目标是什么，这样才能为接下来的服务检讨反思流程奠定基础。如在项目年度服务计划复盘中，其中两个目标为社会工作服务项目年度评估结果为优秀；在国家级社会工作相关刊物上公开发表专业文章4篇。

回顾目标的主要作用在于通过对目标的回顾，让参与检讨反思的所有人都了解检讨的基准线，通过对基准线的了解才能对比目标的实现程度。当然，在服务计划阶段，就应该按照SMART原则制定目标，确保目标清晰可测量，否则目标评估阶段，很难准确衡量目标的实现程度。

（2）评估执行结果

评估结果是检验预设目标的实现程度。与计划设定的目标相比，目标达到的结果或程度如何，是超过了原来的预期目标，还是预期目标还未达到。或与原来的目标相比，有什么特色和亮点，抑或有哪些不足之处。通俗来讲，就是通过前后对比，检视目标是否完成或偏离。

该步骤中，复盘引导者可以将参会人员分为若干小组，每个小组人数可根据参会人员的数量而定，一般情况3~5人为宜，确保小组充分讨论。为确保成果产出，会议筹备人员需提前给参会人员准备记录所需的大白纸、马克笔等会议物资。小组成员通过群策群力，轮流发言，将目标实现的结果记录下来，并每个小组轮流分享。若最后发现各小组有雷同的结果，便可进行整合。如上一段所描述的目标一样，该环节需要小组评估社会工作服务项目第三方评估结果是否达到优秀，项目团队成员全年在国家级社会工作相关刊物上发表的专业文章是否达到 4 篇。通过对结果的评估和分析，目标的达成情况就一目了然了。

（3）分析差距原因

分析原因主要是指对目标评估结果的主客观原因进行分析。主要包括两个方面：一方面，分析成功的关键因素；另一方面，分析失败的关键因素。每个小组通过头脑风暴的形式，分析和罗列成功和失败的主客观因素，最后通过排序找出成功的关键因素和失败的关键因素。具体的关键因素的数量可根据服务检讨的实际需要而定，可通过重要排序的方法筛选 3~5 条。如该项目第三方评估结果为优秀，则目标已经达到，在完成的过程中，是什么因素保证了评估达到优秀，如利益相关方对机构提供的专业服务非常认可，机构各级管理人员对项目评估的支持很到位，机构财务管理规范等。又如专业文章发表未达到 4 篇，这就是没有达到目标。那就需要分析未完成该目标的主客观因素，如未能如期完成文章的撰写，或是未能找到合适的文章发表渠道，抑或是员工撰写文章的内生动力不足，等等（如图 5-25 所示）。

图 5-25　社会工作团队分组讨论差距原因

通过对成功与失败的主客观因素的分析，就可以得出成功的关键因素与失败的关键因素，成功的关键因素将在下一轮服务计划中继续强化，失败的关键因素就是下一轮服务计划中需要重点改进和完善的部分。

（4）总结成败规律

所谓总结规律，就是总结成功的经验和失败的教训。该步骤旨在检讨在服务计划执行过程中的得与失。需要采取实事求是的态度，在反思和自我剖析中找到本质和规律，制订改进计划，进而提高机构服务的质量和效率（如图5-26所示）。

图5-26　项目团队成员分享小组讨论结果

如社会工作服务项目评估结果为优秀，检讨反思团队可以总结出成功的优秀率超额完成的重要经验，该经验可以为下一年度该社会工作服务项目评估提供相关的借鉴；若评估结果为良好以下，则需要反思没有达到目标的教训。失败的教训与成功的经验同等重要。因为失败的教训可以给我们提供一些学习和成长的机会，为项目团队下一年度服务计划的制订和执行提供重要的参考依据，也将成为下一年度服务计划循环中最重要的改进事项之一。通过对经验的有效分析和选择，制订相应的行动计划。行动计划维度包括哪些是需要继续执行的，哪些是需要停止执行的，哪些又是随着环境的变化需要新增的内容。

（5）制订改善计划

制订行动计划是服务检讨反思的重要产出之一。通过目标回顾、结果评估、原因分析、经验总结等不同阶段，参与检讨反思的小组成员对于检讨反思的内容已全面掌握，下一步就是针对需要改进的或需要补充完善的不足之处制订改善计划，为接下来的服务规划和服务发展提供执行依据。行动改善计划包括行动目标、行动策略、具体行动步骤、产出成果、完成时限、相关负责人以及所需资源等。

如在社会工作服务项目年度目标中，根据社区困难群体实际需求研发 4 个特色服务项目，全年只完成了 2 个特色服务项目的研发，那么针对这一目标制订改善计划，包括达到这一目标需要做出什么行动，具体怎么做，什么时候做，谁来做，需要什么资源支持等。行动计划就是下一个循环的开始，若是按照 PDCA 循环，行动计划就是项目闭环管理中的另一个开始。这样往复循环，无论是具体的实务个案、小组和社区活动，还是项目管理及机构服务管理，都能够实现螺旋式上升发展。

3. 实践反思

复盘是一个不断学习、反思、总结、提炼和持续提高的过程，它是社会工作者行动反思和规划未来方向的重要管理工具。复盘引导者需要用心面对复盘过程中的思路冲突，求同存异，形成合力，才能将复盘促动技术灵活运用到服务的检讨反思中。在社会工作服务发展过程中，需要始终做到小事及时复盘，如一场社区活动结束之后，当日就需要及时复盘，制订改进方案并落实；大事阶段性复盘，如项目型工作月度或季度进行复盘，对工作目标和行动计划及时进行调整；事后全面复盘，如项目执行中期或项目实施结束进行阶段性或总复盘，总结教训，固化经验，形成成功的工作模式。因此，社会工作者在专业服务实践过程中，均可灵活运用复盘促动技术，如个案工作的阶段性复盘、小组工作每节活动之后的复盘、社区活动开展之后的复盘、社会工作项目半年度及年度复盘，等等。可以说，复盘促动技术可以运用到社会工作服务提供和管理的所有环节及流程，熟练并合理运用复盘工具，可使社会工作服务检讨反思达到事半功倍的效果。

案例 6.2 ●

促动技术在社区议事协商中的运用
——以社区志愿者骨干服务能力提升项目为例

1. 案例背景

议事协商作为基层社区治理实践创新的现实路径之一，在解决社区问题、调处社区矛盾纠纷以及推动多元主体参与社区治理等方面发挥着举足轻重的作用。社会工作作为创新基层社区治理的政策选项之一，在社区治理中也需不断创新社区治理体制机制，尝试运用新的方法和工具，丰富社会工作参与社区治理的实践内容，为创新社会工作参与社区治理寻找新的发展路径。本文笔者将介绍社会工作者运用促动技术推动社区议事协商的实践创新。

促动技术是一套结构化、流程化的方法，它可以有效激发参与者的热情和创意，引导团队达成共识，付诸行动。它是一个能够在复杂问题下衍生更多想法和创意，梳理出解决方案，使团队达成共识，并激励团队共同协作的流程，这是一种激发集体智慧的工作方法、技术和流程。它为群体互动过程提供架构性、步骤化的方法，帮助群体在有限的时间和资源内，达成清晰的共识决定，形成切实可行的实施计划。

2. 应用过程

促动技术是一系列技术流程的总称，包括群策群力、世界咖啡、欣赏式探询、未来探索、开放空间、复盘，等等。虽然不同的促动技术的介入视角、流程工具等略有差异，但核心理念相通，操作流程相近，主要步骤相似。核心操作流程和步骤如下：聚焦核心议题—探询解决对策—制订行动方案—落实具体行动。下面详细介绍促动技术如何推动社区志愿者骨干参与社区议事协商。

（1）聚焦议事话题，明确协商方向

聚焦核心议题是促动技术在社区议事协商中的第一步，核心议题可以是社区亟待解决的问题，也可以从社区优势和资源入手，开启引导过程。在此阶段，社会工作者主要采取团队共创的促动技术，将参与人员分为5个小组，每个小组5~6人。首先，社会工作者引导参与的志愿者讨论"社区志愿者在社区治理中能贡献什么"。通过个人头脑风暴、小组头脑风暴，最终得出小组对于该议题的相关答案并进行小组轮流分享。其次，各小组分享完毕后，实现观点链接，社会工作者带领参与议事的志愿者提炼和总结出共性的结论，包括垃圾分类志愿服务、电动单车治理、社区文明公约制定、杜绝高空抛物、文明养宠物、困难群体帮扶、小区公共绿化参与、业主与物业的矛盾纠纷化解、居家安全倡导，等等。最后，社会工作者引导参与议事协商的志愿者从上述议题中按照优先顺序，每个组分别选择一个议题作为讨论的核心议题。通过小组集体商议，本着不重复的原则，5个小组分别选取了"电动单车治理""垃圾分类""居家安全倡导""杜绝高空抛物""小区文明公约制定"5个议题。议事协商议题的确定，为下一步议事协商提供了方向。

（2）探询解决对策，细化服务策略

促动技术最重要的核心要点就是引导参与者提出问题，并进一步提出解决问题的对策。在第二次议事协商活动中，针对上次议事协商的五个主题，本次社会工作者主要使用世界咖啡促动技术流程，运用三轮会议的形式，第一轮小组组内讨论，第二轮小组组员轮流到其他组进行交流，第三轮组员回到本小组对相关议题进行补充和完善。社会工作者以"针对选取的议题，我们可以如何做？"开启本轮议事协商引导，这一过程中观点得以碰撞，智慧得以凝聚，最终得出议事协商结论。如志愿者参与电动单车治理，可以参与推动小区外建设充电桩，倡导严禁在架空层停放电动单车，监督电动单车要远离居民楼，推动小区外建风雨棚存放电动单车，每天有序引导居民统一进行单车存放，印刷宣传册同步进行引导和宣传，等等。又如志愿者在居家安全倡导方面，指导居民出门前一定要检查和关掉电源，倡导不要将5岁以下的小孩单独留在家里，电动单车不能放在室内充电，等等。通过此过程的引导，推动社区志愿者针对聚焦的议题进行对策探讨，为下一步行动方案的制订奠定了基础（如图5-27所示）。

图5-27　社区志愿者分组共创服务策略

（3）制订行动方案，明确介入步骤

此步骤主要针对重要策略制订切实可行的行动方案。此次议事协商活动主要围绕"电动单车治理""垃圾分类""居家安全倡导""杜绝高空抛物""小区文明公约制定"的重点策略制订行动方案。方案内容包括：方案名称、方案目标、行动步骤、起止时间、所需资源支持、负责人等。如"杜绝高空抛物"行动方案，项目名称为××小区杜绝高空抛物行动方案。方案目标为减少高空抛物，提高社区居民安全意识。行动步骤包括：入户宣传，张贴标语；相互监督，共同提高安全意识；针对社区居民尤其是儿童开展杜绝高空抛物议事会等。通过具体方案的制订，让参与者梳理清楚下一步清晰的行动方向，也许参与者提出的方案不是最专业的方案，但却是最接地气、最具有可操作性的方案，因为通过群策群力促动技术的议事协商方式，聚集了参与者的集体智慧，达成共识，这对于社区治理来说非常重要。这是从"要我做"向"我要做"的转变，这是一种治理理念和思维的转变（如图5-28所示）。

图5-28　社会工作者引导志愿者制订行动方案

（4）落实具体行动，提升治理效能

不管通过什么方式进行议事协商，最终的目标都是要能解决社区治理中的难点、堵点和痛点等实际问题。社会工作者通过引导各小组针对行动方案进行优化，然后引导社区志愿者将行动计划付诸实施。这也是促动技术中非常重要的一个环节，也是促动技术运用于社区议事协商的一个过程。如在垃圾分类方面，社会工作者引导志愿者组建垃圾分类志愿服务队伍，定期开展垃圾分类宣传活动，志愿者组织社区居民开展垃圾分类课堂，志愿者骨干牵头制定垃圾分类激励机制，开展垃圾分类家庭表彰活动，等等。又如，参与小区文明公约制定方面，根据志愿者议事会现场讨论的方案，开展小区文明公约征集活动，并由志愿者将征集的相关文明公约印制成册，发放给社区居民；成立社区文明行为劝导志愿者队伍，定期开展不文明行为巡查活动；开展文明行为实践讲堂；等等。项目执行末期环节，社会工作者使用复盘促动技术，引导志愿者骨干通过回顾目标—评估结果—分析原因—总结规律—制订改善计划等步骤，全面回顾、检讨和反思"社区志愿者骨干服务能力提升项目"执行情况及服务成效。

3. 实践反思

促动技术引入社区治理，是社会工作参与社区治理实践探索中的技术创新，也是对社会工作"助人自助"核心理念的完美诠释，正是基于促动技术与社会工作理念的契合，才使得促动技术推动社区治理成为可能。从以上的核心操作步骤不难看出，社会工作者在此过程中始终只扮演引导者和协助者的角色，主要通过促动技术和流程，最大限度地调动社区志愿者参与社区治理的积极性和主动性，推动社区志愿者们自我决定他们要做的事情，让社区志愿者有更多的体验感和参与感，这才是社会工作引入促动技术的根本原因所在，也是社会工作参与社区治理的核心密码。

当然，促动技术运用于社区志愿者参与社区议事协商只是其运用范围的一个场景和缩影而已，促动技术还可以用于小区居民议事协商、老年人议事协商、青少年议事协商、妇女议事协商等，这主要取决于社会工作者在参与社区治理中的现实需求。另外，促动技术不是一成不变的，需要社会工作者全面掌握促动技术的核心理念、流程、方法和技术，在使用过程中按需进行随机的组合，可以单独使用某一种技术流程，也可以选择不同技术流程的组合。总之，可以根据社区议事协商的需要进行技术流程的选择，激发社区治理内生动力，破解社区治理共同难题，助力社区治理提质增效，进一步深入推动社会工作参与社区治理的高质量和专业化发展。

第六章
实践反思与未来展望

一 促动技术在社区协商治理实践中的实践反思

正阳社工在社区协商治理中引入促动技术，在推动社区多元治理主体参与，创新社区协商治理实践路径，深化社区协商治理效能等方面取得了非常直观的成效，让社会工作参与社区协商治理找到了核心的技术、流程和方法，填补了社会工作参与社区协商治理缺乏核心操作技术的空白，为社会工作参与社区协商治理探索出一条可供借鉴的现实路径。

正是基于促动技术和社会工作参与社区协商治理的理念相通，才使得促动技术在社区协商治理领域的嵌入如此顺利且富有成效，让社会工作专业参与社区协商治理充满了无限的可能性，使社会工作参与社区协商治理有了专业技术支撑。虽然促动技术是由不同的技术流程组合而成，分开是单独的技术流程，融会贯通之后就是整合性的技术流程，但丝毫不影响促动技术在社区协商治理中发挥促进和催化的作用，让社会工作参与社区协商治理有了更多的技术选择。虽然社会工作者运用促动技术在社区协商治理中取得了明显的成效，但是在实践过程中还有很多需要进一步改进和完善的部分。

（一）促动技术人才的培育有待加强

在社区协商治理实践中，社区协商治理人才的培育非常重要。但社区协商治理人才的培育并非一朝一夕的事情，需要有规划、有目的、有步骤地开展社区协商治理人才培养工作。在社会工作引入促动技术参与社区协商治理的实务研究中，需不断加大社区协商治理人才培养力度，全面提升社区协商治理人才的综合素质和能力。因此，下一步将从以下两个方面入手开展社区协商治理人才培养工作。一是针对社区领域社会工作者开展促动技术参与社区协商治理培训。让参与社区协商治理的社会工作者全面掌握促动技术在社区协商治理中的理念、技术、流程及实践运用。二是开展其他社区协商治理人才的培养工作。社区协商治理人才协商能力的强弱，直接影响着社区协商治理实践的成败，由此可见，只有多元社区协商治理主体的能力得到提升，才能有效协同推动社区协商治理的发展。因此，可针对社区工作人员、社区志愿者领袖、社区居民骨干以及社区社会组织的带头人等设计多元主体议事协商能力提升项目，用项目化的形式激发和提升其参与社区协商治理的活力、动力和能力。

（二）品牌服务项目的精细化水平有待提高

社会工作参与社区协商治理，需要实现专业服务的项目化发展。但目前的社区协商治理实践中，大多社区协商治理服务项目精细化、精准化程度不高，社区协商治理专业服务项目有待持续深耕。因为社区协商治理品牌服务的发展，是一个持续的过程，需要不断地更新迭代。一是持续优化和迭代社区协商治理品牌服务项目。使用促动技术的社区协商治理品牌项目，需要不断地创新和完善，在1.0版本的基础之上，持续优化出2.0甚至3.0版本，社区协商治理品牌服务项目才有生命力。二是加大品牌服务项目的执行力度。社区协商治理品牌服务项目升级完成之后，就需要强而有力的执行力作为保障，进而推动社区协商治理品牌服务项目的深化。三是推进品牌服务项目的产品化建设。品牌化项目的深耕离不开产品化的打造和呈现，通过可视化产品来提升品牌服务项目的社会影响力。

（三）社区治理模式的推广有待提速

基于促动技术的社区协商治理实践研究，需要在过程中不断沉淀和总结服务模式，并将服务模式进行推广。但目前由于社会工作引入促动技术参与社区协商治理还处在实验和起步阶段，相关的服务模式还未完全形成，因此需要在实践过程中边实践边总结提炼服务经验和模式。一是撰写社区协商治理精品服务案例。在实践中发现典型案例，并进行案例的撰写，投稿社会工作以及社区治理相关的杂志。二是总结提炼并推广服务模式。在现有实践的基础上，不断总结社区协商治理服务模式，并通过媒体报道、培训输出、工作汇报、社区治理论坛等方式不断推广和输出服务模式，扩大社会工作参与社区协商治理服务的社会影响力。

二 促动技术在社区协商治理实践中的未来展望

正阳社工在社区协商治理实践中引入促动技术的实践研究表明，促动技术推动社区协商治理的路径是可行的，它能有效发现和聚焦社区协商治理议题，催化社区协商治理参与氛围，寻找解决问题的可行性策略及方案，并推动参与主体落实行动，进而全面提升社区协商治理效能。促动技术在社区协商治理中的成功"嵌入"和实践，充分证明社会工作在社区协商治理中引入新技术、新流程和新工具的方向是正确的。从此，社会工作参与社区协商治理有了核心技术、流程和工具的支持，社区协商治理找到了创新的路径，为社会工作深耕社区协商治理品牌服务项目奠定了坚实的基础。总而言之，促动技术在社区协商治理实践场景中的应用前景非常广泛，未来可期。

展望未来，促动技术可适用于多元化、多维度的社区协商治理应用场景。它既可以用于社区协商治理中的任何模块，如推动社区参与、聚焦社区问题、营造社区协商治理氛围、孵化和培育社区社会组织、培养社区协商治理骨干力量、调处社区矛盾纠纷等；它又适用于不同人群，如老年人的社区参与、社区志愿者的能力提升、儿童友好型社区建设、特殊群体的社区融入、社区邻里关系的连接等；它同样也适用于不同的社区协商治理形式，如小区议事会、社区公共议题茶话会、社区协商治理活动等。总而言之，促动技术可以嵌入社区协商治理的方方面面，涵盖领域、人群、形式以及环节等，只要掌握促动技术核心的理念、方法、技术和流程，就能够灵活运用到社区协商治理中，有效塑造社区协商治理参与主体的参与意识。

当然，促动技术在社区协商治理中的应用还处在初级阶段，目前还只是在局部范围内的小部分社会工作服务机构提到这个概念和方法，要想大面积推广促动技术在社区协商治理中的运用，绝不是一蹴而就的，还有很长的路要走，因为一个新的技术从一个领域引入另一个领域，不仅需要多年实践经验的积累和沉淀，还需要有一批愿意推动实践的专业人才作为保障，并在此领域一直耕耘，才能不断完善和修正技术流程，找到本土化的社区协商治理出路。

在未来的社区协商治理实践中，正阳社工将一如既往坚持以促动技术作为核心的流程、技术和方法，在社区协商治理实践中持续深入推进行动研究工作，希望能够探索出适合我国社会工作参与社区协商治理的实践模式，建构社会工作参与社区协商治理的本土化理论架构，为全面推动社会工作参与基层社会治理高质量发展贡献专业力量。

参考文献

［1］阿东.在习近平新时代中国特色社会主义思想指引下动员引领广大青年为全面建设社会主义现代化国家而团结奋斗：在中国共产主义青年团第十九次全国代表大会上的报告［EB／OL］.https：//19th.gqt.org.cn／yw／202306／t20230625_ 14606141.htm，2023-06-19.

［2］陈方圆.党建引领城市社区治理的实践研究［D］.济南：济南大学，2022.

［3］陈涛.城市社区协商治理中的问题及对策研究［D］.武汉：华中师范大学，2022.

［4］陈琢.现代化视阈下党建引领城市社区治理的实现路径［J］.新长征，2023（5）：50-53.

［5］黛安娜·惠特尼，阿曼达·赛思顿-布伦.欣赏式探询的威力：正向改变的实践技能指导［M］.高静，译.北京：华夏出版社，2019.

［6］段元秀.多元主体互动下社区协商治理的实践模式及优化路径［J］.荆楚学刊，2023，24（1）：49-54.

［7］哈里森·欧文.开放空间引导技术：集思广益，解决冲突，达成共识，实现自组织的高效方法［M］.林恩慈，罗筱，译.北京：电子工业出版社，2018.

［8］黄彩兰.“协商共治型”城市社区治理模式研究［D］.上海：上海师范大学，2022.

［9］林士然.基于引导技术的工作坊设计［M］.北京：电子工业出版社，2017.

［10］林学达．新时代城乡社区协商理论与实务［M］．北京：人民出版社，2021.

［11］刘丽芳．社会工作参与城市社区协商治理的实践研究［D］．广州：华南理工大学，2019.

［12］刘清．历史制度主义视角下基层党建与城市社区治理关系的变迁研究［D］．长春：吉林大学，2022.

［13］刘晓峰，丁思佳．城市社区协商治理的类型、趋势与逻辑［J］．南京邮电大学学报（社会科学版），2022，24（6）：29-38.

［14］刘永中．行动学习使用手册：一本书讲透行动学习如何落地［M］．北京：北京联合出版公司，2015.

［15］罗宾·斯特拉顿·博克赛尔．欣赏式探询团队协作案例集：21个优势工作坊［M］．张树金，译．北京：华夏出版社，2019.

［16］罗伦圣．居民自治中的技术应用与分析［D］．武汉：华中师范大学，2018.

［17］马文·维斯伯德，桑德拉·简诺夫．未来探索：将愿景、承诺和行动融入全系统的引导方法［M］．林恩慈，译．北京：电子工业出版社，2016.

［18］孟令辉．党建引领城市社区治理的逻辑机理、现实困境与创新路径［J］．领导科学论坛，2023（5）：62-66.

［19］彭小兵，李文静．赋权：党建引领与社会工作互嵌的社区治理探索：基于重庆市 T 社区的实践［J］．社会工作，2020（2）：78-88+112.

［20］邱昭良．复盘+：把经验转化为能力［M］．北京：机械工业出版社，2018.

［21］阮芳．多元共治视角下社会工作参与社区治理实务研究［D］．武汉：华中师范大学，2022.

［22］森时彦，引导工具箱研究会．引导工具箱：解决组织问题的49个工具［M］．朱彦泽，夏敏，李猛，译．北京：电子工业出版社，2016.

［23］石明珠．城市社区协商治理问题研究［D］．天津：天津商业

大学，2022.

[24] 宋珠佳. 社会工作推动居民参与社区协商的"过程知识" [D]. 杭州：杭州师范大学，2021.

[25] 孙明爽. 大数据时代 H 市社区治理存在的问题及对策研究 [D]. 沈阳：沈阳师范大学，2022.

[26] 汤彬. 城市社区协商治理研究：基于政治统合的视角 [M]. 北京：中国社会科学出版社，2023.

[27] 唐奕. 基层治理之路：来自基层实践者的中国梦 [M]. 北京：中央编译出版社，2016.

[28] 王洪树，等. 农村社区协商治理机制建设研究 [M]. 北京：人民出版社，2018.

[29] 王璐琛. 社区协商治理中的社区社会工作者角色功能研究 [D]. 杭州：杭州师范大学，2021.

[30] 习近平. 高举中国特色社会主义伟大旗帜 为全面建设社会主义现代化国家而团结奋斗：在中国共产党第二十次全国代表大会上的报告 [J]. 党建，2022（11）：4-28.

[31] 香取一昭，大川恒. 一起世界咖啡：创造集体智慧的会谈实践 [M]. 直子，译. 北京：电子工业出版社，2020.

[32] 严剑，等. 培训引导师工具箱 [M]. 北京：中国林业出版社，2021.

[33] 杨丽超，侯庆丰. 新时代基层党建引领城市社区治理 [J]. 经济研究导刊，2023（1）：141-143.

[34] 杨秋莎. 党建引领城市社区治理的路径探析 [J]. 学习月刊，2022（6）：35-36.

[35] 杨瑞峰. 社会工作参与城市社区治理的路径探索 [D]. 呼和浩特：内蒙古师范大学，2022.

[36] 尤里奇等. 通用电气"群策群力" [M]. 柏满迎，等译. 北京：中国财政经济出版社，2003.

［37］张锋．乡村振兴视域下农村社区协商治理研究［M］．武汉：武汉大学出版社，2021.

［38］中华人民共和国中央人民政府．中华人民共和国国民经济和社会发展第十四个五年规划和 2035 年远景目标纲要［EB/OL］．https：//www. gov. cn/xinwen/2021-03/13/content_ 5592681. htm.

［39］周文坤，杨成．社会工作参与基层社会治理实践创新研究：基于正阳社工的实务经验［M］．北京：中国社会出版社，2022.

［40］周文坤．党建引领视角下社会工作发展策略探究：以龙岗区社区党群服务中心社工项目为例［J］．社会与公益，2020a（10）：11-14.

［41］周文坤．赋权视角下的社区自组织培育路径研究：以坪山区沙湖社区厨艺爱好者协会为例［J］．社会与公益，2020b（3）：22-24.

［42］朱安妮塔·布朗，戴维·伊萨克．世界咖啡：创造集体智慧的汇谈方法［M］．汤素素，金沙浪，译．北京：电子工业出版社，2019.